Valentina & Co

Valentina & co

Rinaldo
Irene
Jenny
Malika
Mauro
Gianni

Progetto grafico: Clara Battello
Editing, impaginazione e redazione: Noesis

I Edizione 2016

Anno 2016-2017-2018 Edizione 1 2 3 4 5 6 7 8 9 10

Stampato presso ELCOGRAF S.p.A. - Stabilimento di Cles (TN)

IL BATTELLO A VAPORE

Angelo Petrosino

Amir, il mio amico siriano

Illustrazioni di

Sara Not

PIEMME

1
Tutti insieme

LE VACANZE DI NATALE sono arrivate.

– Finalmente! – ha esclamato Ottilia mentre aspettavamo l'autobus per tornare a casa, dopo essere uscite da scuola. – Studiare è interessante, ma è anche faticoso.

– Direi proprio di sì, Otti.

– Però bisogna ammettere che le lezioni di lettere e di latino non sono mai noiose.

– Hai ragione. Specialmente Mario, il nostro prof di lettere, è un vulcano di idee e di entusiasmo.

– Comunque sia, adesso pensiamo alle nostre vacanze. Io ormai sono rassegnata: resterò a Torino. E tu?

– Ne avrò la certezza domani, ma credo che trascorreremo due giorni in valle d'Aosta. I genitori di un collega di mio padre, un certo Andrea, gestiscono una piccola pensione a Champoluc, così è probabile che tra Natale e Capodanno passeggeremo sulla neve. Quando ne ho parlato con zia Elsa, mi ha detto che le piacerebbe venire con noi, quindi mio padre ha chiesto ad Andrea di riservare un posto anche per lei.

– Pensi che possa venire anch'io?

– Credo proprio di sì. Ti faccio sapere appena possibile.

Tornata a casa, mia madre mi ha accolta dicendomi: – Sembra proprio che due giorni in montagna non ce li tolga nessuno. Ha chiamato tuo padre e mi ha confermato che la pensione è a

nostra disposizione il ventisette e il ventotto dicembre.

– Zia Elsa lo sa già?

– Non l'ho ancora sentita.

– La chiamo io. Papà deve informare Andrea che potrebbe esserci anche Ottilia.

Zia Elsa ha risposto con una voce squillante: – Chi è?

– Sono io, zia.

– Ciao, nipotina. Sono felicissima di sentirti. Sono cominciate le vacanze di Natale?

– Sono iniziate oggi, zia, e devo darti una bella notizia. Ho appena avuto conferma dalla mamma che il ventisette e il ventotto dicembre saremo ospiti nella pensione dei genitori di Andrea, l'amico di papà. C'è posto per tutti, anche per te e tuo marito Paride. Forse verrà anche Ottilia.

– Ne sono proprio contenta! Ho tanta voglia di fare delle lunghe passeggiate e di respirare aria buona. Spero solo che non nevichi molto.

– Meglio essere pronti a tutto, zia. Hai dei doposci in casa?

– No, non li abbiamo. Verresti a comprarli con me?

– Volentieri.

– Allora ci andremo oggi stesso.

Zia Elsa mi conosce come pochi altri. Con lei ho cominciato a confidarmi fin da piccola, persino più di quanto facessi con mia madre. Solo lei mi prende sempre sul serio e riesce a consigliarmi quando ho bisogno.

Poco dopo è tornata anche Irene da scuola.

– Ho fatto il viaggio in autobus stretta come una sardina. Non si poteva respirare – mi ha detto.

– Adesso puoi rilassarti. Il ventisette e il ventotto si va in montagna.

– È confermato?

– Sì, e probabilmente verrà anche Ottilia con noi, sempre che ci sia posto anche per lei. Stiamo aspettando che Andrea ci dia una risposta.

Un'ora dopo è arrivata la telefonata di mio padre.

– Ciao, papà. Hai buone notizie, spero.

– Andrea ha chiamato i suoi genitori e mi ha riferito che non ci sono problemi a ospitare anche Ottilia. Metteranno una brandina in più nella camera di voi ragazze.

– Ci stai facendo un bellissimo regalo di Natale, papà.

– Dobbiamo ringraziare Andrea.

– Ci sarà anche lui in montagna?

– Sì, verrà con sua moglie e il loro bambino di cinque anni.

Appena l'ho avvisata, Ottilia ha lanciato uno strillo di gioia.

– Hai tutto il necessario per camminare sulla neve? – le ho chiesto.

– Credo di sì.

– Più tardi accompagnerò zia Elsa a comprare i doposci.

– Posso venire con voi?

– Passiamo a prenderti.

2
Su in montagna

IO, OTTILIA E IRENE siamo salite sull'auto di zia Elsa. Alice era accoccolata nella cesta che reggevo sulle ginocchia.

Tutti gli altri hanno preso posto sull'auto di mio padre.

Mentre mia madre sistemava Bruno sul seggiolino accanto a Luca, lui continuava a ripetere:
– Voglio giocare con la neve!

L'ha vista una sola volta, l'anno scorso. Lo portammo ai giardini sotto casa, e non dimenticherò mai i suoi strilli di sorpresa e i suoi tentativi di gattonare in quella massa morbida e bianca.

Percorrendo la strada che si inerpica lungo

la Valle d'Ayas, lo sguardo si posa su prati e boschi che in primavera e in estate, quando splende il sole, sono bellissimi.

Stamattina, però, il cielo era grigio, i fianchi della valle erano coperti di neve e il torrente Evançon scorreva limpido e gelido per gettarsi nella Dora.

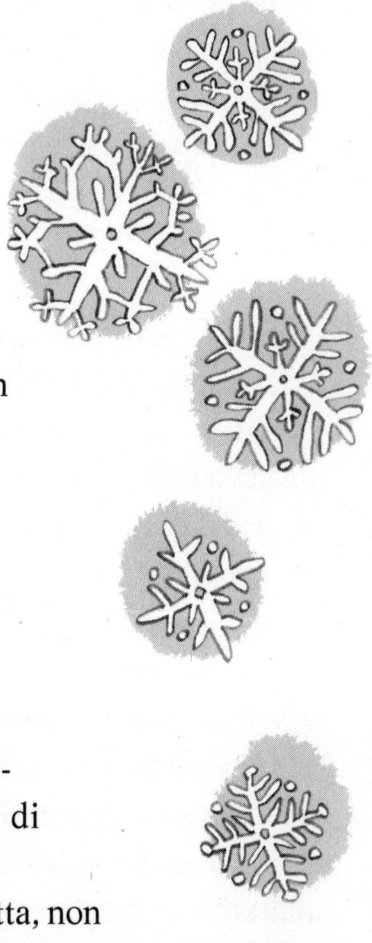

A Challand-Saint-Anselme ha cominciato a nevicare.

Quando l'auto ha sbandato leggermente a un tornante, io e Ottilia abbiamo avuto un po' di paura.

Mentre la neve cadeva fitta, non perdevo di vista l'auto di mio padre, che ci precedeva di un centinaio di metri.

Per fortuna la nevicata ha cominciato a diminuire quando ormai non mancava molto a Champoluc.

Mia madre ha telefonato a zia Elsa e le ha proposto di fermarci prima di percorrere l'ultimo tratto di strada, per bere delle bevande calde in un bar.

Arrivati a destinazione, è venuto ad accoglierci Andrea con i suoi anziani genitori.

– Ben arrivati. Come è stata la salita? – ha chiesto a mio padre.

– Buona, tutto sommato.

– Presto cominceranno a pulire la strada. Venite, vi faccio vedere le stanze che vi abbiamo riservato.

Bruno, appena liberato dal seggiolino, voleva che mia madre lo mettesse a terra per poter toccare la neve.

– Questa è la vostra camera, ragazze – ci ha detto la madre di Andrea.

Nella stanza c'era un odore penetrante di legno. Ho aperto la finestra per guardare fuori, ma una folata di vento ha rovesciato nella stanza una spruzzata di neve e ho dovuto richiudere la finestra.

– Dovremo rinunciare alla nostra passeggiata? – ha chiesto Ottilia.

– Aspettiamo che diminuisca un po' la neve. Vedrai che riusciremo a fare un giro per il paese – le ha risposto Irene.

– Lo spero proprio! – ho esclamato.

3
Il passato, il futuro

A PRANZO CI SIAMO RITROVATI tutti in una grande sala al pianterreno.

Mentre serviva a tavola, la madre di Andrea ci ha tenuto a sottolineare: – È vera cucina valdostana. Spero che farete onore ai miei piatti.

Li abbiamo vuotati tutti, dal primo all'ultimo. Il calore di una grande stufa ci avvolgeva col suo tepore e la neve che continuava a cadere rendeva ancora più confortevole l'ambiente.

Solo Bruno non era tranquillo e continuava a ripetere: – Voglio andare fuori a mangiare la neve.

– Prima finisci il cibo che hai nel piatto – lo ammoniva mia madre.

– E poi posso mangiare la neve?

– Vedremo.

– È pulita – ha osservato la madre di Andrea. – Direi che un pugnetto, con un po' di vino cotto di fichi, non gli farà male.

– Cos'è il vino cotto di fichi? – le ho chiesto.

– È una specie di sciroppo dal gusto molto delicato che mi manda ogni anno una mia amica dal Salento. È ottimo per preparare alcuni dolci.

– Lo voglio! – ha gridato Bruno.

– Allora vogliamo assaggiarlo anche noi – ho detto io.

– Ce n'è per tutti.

Il pomeriggio è stato interminabile. La neve aumentava sempre più e si accumulava davanti all'ingresso della pensione. Andrea ha deciso di uscire per spazzarne via un po'.

Verso sera era prevista una pausa nella precipitazione, ma non è stato così. La neve, a falde grosse, scendeva senza interruzione.

Dopo cena, non sapendo che fare, ci siamo seduti davanti a un grande televisore per guardare il telegiornale e avere notizie sul tempo.

Avevo già telefonato a Tazio e gli avevo chiesto com'era la situazione a Torino.

– Nevica anche in città – mi aveva detto. – Molto poco, però.

– Qui siamo assediati da muri bianchi. Se continua così, domani mattina la neve sarà arrivata alle finestre e forse dovranno venire a salvarci con gli elicotteri.

Al telegiornale, però, non si è parlato del maltempo, ma dei tanti migranti che fuggono dalla guerra e che intraprendono un lungo viaggio per ricominciare una nuova vita.

Di fronte alle immagini che scorrevano davanti ai miei occhi, sono rimasta sconvolta.

Un bambino molto piccolo era seduto sulla traversina di un binario ferroviario, piangeva e cercava di richiamare l'attenzione, ma tutti gli camminavano accanto e sembravano non accorgersi di lui.

Finalmente una ragazza lo ha preso per mano, lo ha aiutato a rialzarsi e lo ha portato via.

Poi ho visto una madre che, seduta ai piedi di un albero, allattava un neonato circondata da una folla indifferente.

Mi sono chiesta se la donna fosse fuggita da sola con il bambino o se magari il marito la stava aspettando poco lontano.

La scena è cambiata di colpo. Un treno era fermo in una stazione e centinaia di persone cercavano disperatamente di salirvi. C'era chi spingeva per entrare nei vagoni, stringendo un sacco di plastica in mano, chi passava dei bambini attraverso i finestrini a persone che già avevano riempito gli scompartimenti, chi urlava perché nella calca aveva smarrito qualcuno senza il quale non sarebbe mai partito.

Ero senza parole, e così tutti gli altri.

Quando il telegiornale è passato a occuparsi di un altro argomento, io, Ottilia e Irene siamo tornate nella nostra camera.

– Sto provando a immaginarmi al loro posto, ma non ci riesco – ha detto Ottilia. – Ma vi sembra possibile? Chi permette queste ingiustizie?

Lo smarrimento di Ottilia era anche il mio.

– Non riesco a togliermi dalla mente quel piccolo e la ragazza che lo ha preso per mano – ho detto. – Dove stavano andando?

– Forse non avevano stabilito una meta – ha osservato Irene.

Ho provato a immaginare quali ricordi dolorosi quel bambino conservasse del suo paese.

Invece io, se ripenso alla mia infanzia, vedo mia madre che mi sorride mentre corro sull'erba di un parco, mio padre che mi insegna a stare in equilibrio sulla mia prima bici, mio nonno che mi posa sui rami di un albero, mia nonna che mi fa assaggiare le sue marmellate, zia Elsa che mi prende le misure per farmi un vestito nuovo, il maestro che mi legge delle storie facendomi sognare a occhi aperti.

Mi capita spesso di fare progetti sul mio futuro e, anche se non so quanti diventeranno realtà, so di poter coltivare i miei sogni giorno per giorno, circondata dall'affetto di chi mi vuole bene.

Forse sarebbe stato lo stesso per quel bambino, se fosse vissuto in un mondo dove non esistono la guerra e la povertà.

Prima di coricarmi, sono andata a guardare fuori dalla finestra la neve che continuava a cadere fitta.

Alice si era raggomitolata nella cesta e si era addormentata.

Stamattina sono stata la prima a svegliarmi e mi sono accorta subito della luce chiara che entrava dalle persiane.

Aveva smesso di nevicare ed era tornato il sole. Era quasi impossibile guardare la neve, da tanto abbacinava gli occhi.

– Sei già sveglia? – mi ha chiesto Ottilia.

– Sì, e sto guardando uno spettacolo meraviglioso. È uscito il sole, Otti.

– Appena gli spazzaneve avranno ripulito le strade, potremo uscire a fare una passeggiata.

– Se volete assaggiare il vino cotto di fichi con la neve, andate a raccoglierla prima che gli spazzaneve la infanghino – ci ha detto la madre di Andrea, entrando nella nostra camera.

Bruno è uscito con noi, abbiamo messo in una grande ciotola un bel po' di neve candida e morbida e siamo tornati dentro.

Era la prima volta che assaggiavo il vino cotto di fichi e ne sono rimasta estasiata.

Verso le dieci noi ragazze siamo uscite dalla pensione, e abbiamo camminato per le vie del paese.

– Peccato che dovremo ripartire già nel pomeriggio – ha detto Ottilia.

Verso le quattro abbiamo deciso di ritornare a Torino.

– Voglio portare la neve con me – ha detto Bruno prima di entrare in macchina.

– Non si può – gli ha risposto mia mamma.

La madre di Andrea, però, ha messo un po' di neve in un contenitore simile a un thermos e ha detto a Bruno: – Quando arrivi a casa, dovrebbe essere ancora intatta. Telefonami e fammi sapere.

4
Ritorno a scuola

IERI, LA SERA DEL SEI GENNAIO, mi ha telefonato zia Elsa.

– Buon inizio di scuola, Valentina.

– Grazie, zia.

– Sei contenta di ricominciare le lezioni?

– Sì, mi sono riposata abbastanza.

– Io non avevo una passione smisurata per la scuola.

– Era colpa degli insegnanti?

– Non credo, è che preferivo lavorare con le mani. Il mestiere di sarta ha cominciato a stregarmi fin da piccola.

– E ora, oltre a essere una brava sarta, sei anche una zia speciale. Ti ho aperto il mio cuore come non ho fatto con nessun altro, e tu hai sempre saputo leggerlo con affetto.

Prima di coricarmi, ho fatto un giro di telefonate: ho chiamato Malika, Jenny, Tazio e, naturalmente, Ottilia.

– Domani passo a prenderti io – ho detto alla mia migliore amica.

– Un'ora fa mi sono accorta che non avevo ancora risolto due esercizi di matematica. Li ho appena finiti, ma mi sono costati molta fatica. Uffa, da domani dovrò svegliarmi di nuovo all'alba. Abbiamo scelto un liceo troppo lontano da casa, Vale.

– Si dice che sia il migliore di Torino. Forse dovresti coricarti prima la sera.

– E come faccio? Con tutti i compiti che ci danno e le pagine che ci sono da studiare, non riesco ad andare a letto presto.

– Ho parlato con Jenny poco fa. Mi ha detto che i suoi genitori hanno invitato Nico e il padre sia al pranzo di Natale, sia a festeggiare insieme la vigilia di capodanno.

– L'avresti mai detto quando l'abbiamo

conosciuta? Irritante, scontrosa, lunatica... Ora, invece, è quasi irriconoscibile. È proprio vero che l'amore fa miracoli! Sfido, un ragazzo gentile, scherzoso e intelligente come Nico farebbe cadere ai suoi piedi qualsiasi ragazza.

– Hai proprio ragione. Jenny e Nico sono una bella coppia. Buona notte, Otti.

– Buona notte, Vale.

Stamattina l'autobus era talmente affollato che, quando è arrivato alla nostra fermata, abbiamo deciso di aspettare il successivo nonostante il rischio di arrivare tardi a lezione.

Siamo giunte a scuola con l'affanno. Erano già entrati quasi tutti e il custode stava chiudendo il portone.

– Credevate di essere ancora in vacanza? – ci ha chiesto ridendo.

– L'autobus era troppo affollato – gli ha risposto Ottilia. – Abitiamo lontano e ci mettiamo molto ad arrivare.

– Ne vale la pena. Lo sapete che hanno frequentato questo liceo scrittori famosi, latinisti e musicologi? Da qui sono passate le migliori intelligenze di Torino.

– Un vero onore.

– Certo, perciò fate in modo di tenerne alto il prestigio.

– Grazie per il consiglio! Buona giornata.

Ci siamo affacciate sul corridoio dove si trova la nostra aula proprio mentre stava arrivando il professor Mario.

– Buongiorno, prof – l'ho salutato.

– Buongiorno, Valentina. Come mai questo fiatone?

– Siamo un po' in ritardo.

– Anch'io.

– Anche lei arriva da lontano?

– Attualmente abito a Mirafiori.

– Caspita, forse è persino più lontano della zona dove abitiamo noi.

Prima di sederci, abbiamo sorriso a Nico e a Jenny.

Lei aveva un viso radioso, e gliene ho domandato il motivo.

– Hai una buona notizia da comunicarci?

– Forse – mi ha risposto ridendo.

– Non tenerci sulle spine, racconta – l'ha sollecitata Ottilia.

Ma in quel momento il prof è entrato in classe e si è fatto silenzio.

– Spero che vi siate goduti le vacanze – ci ha salutati.

– Le mie sono da dimenticare. Sono rimasto a Torino ad annoiarmi – ha detto qualcuno.

– Io sono andata a Parigi.

– Io a Praga – ha detto qualcun altro.

– Solite fortunate.

– Sarà poi vero?

– Posso farti vedere la foto che mi hanno scattato sul Ponte Carlo.

– Va bene, ti crediamo, ma non vantarti troppo.

Il prof ha lasciato parlare tutti, poi ha detto: – Domani arriverà un nuovo studente.

– Come si chiama?

– Amir.

– Che nome strano…

– È un nome siriano.

A quel punto stavano per fioccare altre

domande, ma il prof le ha bloccate tutte e ha chiesto: – Siete riusciti a leggere *Conversazioni in Sicilia* di Elio Vittorini, come vi avevo chiesto?

Alcuni hanno risposto di no, e hanno tentato di giustificarsi in qualche modo.

Io lo avevo letto, e mi era piaciuto molto il racconto del viaggio di un uomo che torna nella sua terra natia.

Mi ha fatto riflettere, e speravo che Mario ce ne spiegasse il senso profondo.

Durante l'intervallo Ottilia ha preso sotto braccio Jenny e le ha detto: – Basta fare la misteriosa, dicci che cosa ti succede di bello. Scommetto che Nico lo sa già.

Lui ha sfoggiato un sorriso sornione e ho capito che Ottilia aveva indovinato.

– Mia mamma aspetta un bambino – ha detto sottovoce Jenny.

L'ho abbracciata e ho esclamato contenta: – Appena torno a casa chiamo tua mamma per farle gli auguri. Sai già quando nascerà?

– Ad agosto.

– Vorresti che fosse un maschio oppure una femmina? – le ha chiesto Ottilia.

– Non ho preferenze, e mia madre ha detto che non vuole saperlo fino al momento in cui nascerà.

– Questa sì che è una bella notizia! – ho detto.

– Ragazzi, credo sia finito l'intervallo – ci ha avvertiti Nico, e insieme siamo tornati in classe in attesa che cominciasse una nuova ora di lezione.

5
Troppe domande per Amir

ALL'INIZIO DELLA SECONDA ORA Mario è entrato in classe accompagnato da un ragazzo con i capelli neri, gli occhi chiari e lo sguardo sicuro.

– Wow, che carino! – ha esclamato Ottilia appena lo ha visto.

– E già… – ho ammesso.

Naturalmente anche le altre ragazze gli hanno piantato gli occhi addosso e immagino che non abbiano fatto considerazioni diverse dalle nostre.

I ragazzi, invece, lo hanno guardato con distacco e un po' di curiosità.

– Buongiorno – ci ha salutati il prof. – Vi presento Amir.

Il banco vicino al mio era vuoto e Mario ha detto al nostro compagno che poteva prendervi posto.

Eravamo tutti pronti a fare domande al prof a proposito del nuovo arrivato. Mario, però, ha cominciato subito a spiegare richiamando l'attenzione della classe su di sé.

Nonostante questo, gli sguardi correvano ugualmente su Amir.

Dietro di me sono sedute Roberta e Tilde e ho sentito quello che si dicevano mentre Mario ci parlava di Elio Vittorini.

– È quello che si dice uno schianto, no?

– Hai visto che occhi?

– Secondo te è timido?

– Non direi. Si è guardato intorno senza abbassare lo sguardo.

– Durante l'intervallo vado a presentarmi.

– Non sarai la sola a farlo. Vedrai che anche le altre gli piomberanno addosso e non lo lasceranno in pace.

A quel punto Ottilia, che ascoltava come me quella conversazione, si è girata e ha bisbigliato loro: – Parlate per voi. Non tutte hanno voglia di dare la caccia al nuovo arrivato.

Amir ha accennato un lieve sorriso. Era chiaro che aveva ascoltato anche lui le parole di Roberta e della sua amica.

– Avete osservazioni da fare da quelle parti? – ci ha chiesto Mario, al quale non era sfuggito il cicaleccio.

– È tutto chiaro, prof – si è affrettata a rispondere Ottilia.

– Qualcuno ha sentito parlare delle *Lezioni Americane* di Italo Calvino?

Nessuno ha alzato la mano.

– Ci sono degli estratti del libro nella vostra antologia. Vorrei soffermarmi sul brano riportato a pagina trecentocinquanta. Cercatelo, per favore.

Mario non esita mai a parlarci di temi complessi e di questioni difficili.

«È un gesto di fiducia nella vostra intelligenza» ci disse un giorno. «Molti vi sottovalutano per la vostra età, ma io credo che siate in grado di capire più cose di quanto possiate immaginare.»

«Grazie per la sua fiducia nei nostri confronti» gli dissi un giorno.

«Cerco di fare bene il mio mestiere, Valentina. Per questo prendo sul serio i miei alunni, proprio come faceva con me e i miei compagni il prof di lettere del mio liceo. Un uomo che non dimenticherò mai.»

Al termine della lezione è cominciato l'intervallo e tutti sono usciti dall'aula per fare merenda.

In classe siamo rimasti io, Ottilia, Nico, Jenny e Amir.

Amir se ne stava seduto al suo posto e sfogliava il volume di antologia.

– Possiamo presentarci? – gli ha chiesto Ottilia. – Io sono Ottilia, Otti per gli amici. Lei è Valentina, lui è Nico, lei è Jenny. Parli italiano?

– Sì.

– L'avevo capito dall'attenzione con cui hai seguito la lezione del prof. Non hai voglia di uscire un po' dall'aula durante l'intervallo?

Forse stava per risponderle di no, ma quando ha visto che stavano per rientrare quasi tutte le ragazze, si è alzato ed è uscito.

Sfortunatamente però, appena Amir ha messo il naso nel corridoio, è stato circondato dai nostri compagni di classe che hanno cominciato ad assillarlo con le loro domande.

– Come sei arrivato in Italia?

– Hai viaggiato su uno di quei barconi che si vedono al telegiornale?

– Sei venuto da solo o con i tuoi genitori?

– Chi vi ha salvati?

– Come mai sei finito a Torino?

Amir si guardava intorno cercando il modo di sfuggire a quell'assedio, finché Nico ha detto:
– Lasciatelo in pace! Non vi sembra che stiate esagerando?

Si è fatto largo, ha preso Amir per un braccio e lo ha portato via, seguito da me, Ottilia e Jenny.

– Chi ti credi di essere? – gli ha gridato Roberta.

– Che maleducati! – ha esclamato Ottilia.

– Chissà quando avrebbero finito di fare tutte quelle domande.

– Grazie per avermi aiutato – ha detto Amir. – Non avevo proprio voglia di rispondere.

– Parli bene l'italiano.

– C'è una ragione.

– Non sei obbligato a dircela. Posso però chiederti come mai sei arrivato nella nostra scuola in questo periodo dell'anno?

– Abbiamo appena cambiato casa.

– Dove abitate?

– In via Sandro Botticelli.

– Non è possibile! – ho esclamato io. – È molto vicino a casa mia e a quella di Ottilia. Questo vuol dire che all'uscita da scuola, per tornare a casa, devi prendere gli stessi mezzi che prendiamo noi.

– Possiamo fare la strada insieme, se ti va – ha detto Ottilia.

– Va bene.

Abbiamo sorriso tutti e Nico ha detto: – Ho un sacchetto di zenzero candito. Che ne dite se lo dividiamo in cinque?

Ciascuno di noi ne ha presi due o tre bastoncini.

– Ti piace? – ho chiesto ad Amir vedendolo masticare con gusto.

– Sì, molto.

– Dovresti assaggiare le crostate che fa mia madre. Oggi gliene faccio infornare una e domani la mangiamo durante l'intervallo.

Mi ero proposta di non fargli domande, ma non sono riuscita a trattenermi e gli ho chiesto: – Sei figlio unico?

– No, ho una sorella di otto anni. Si chiama Adila.

– A parte la curiosità esagerata dei nostri compagni, ti troverai bene nella nostra classe. Abbiamo dei professori molto preparati. Tempo qualche giorno e ti sentirai a tuo agio, ne sono certa.

– Voi quattro siete amici?

– Siamo qualcosa di più, e insieme ad altri ragazzi formiamo un gruppo molto unito. Abbiamo un punto di ritrovo dove programmiamo le nostre uscite e iniziative. Si tratta di un grande albero che abbiamo chiamato il Gigante. Se vuoi, nei prossimi giorni possiamo parlartene.

– Vale, è ora di tornare in classe – mi ha detto Ottilia. Poi ha proseguito, rivolgendosi ad Amir: – Immagino che ti sia accorto di aver attirato l'attenzione di tutte le nostre compagne. Io, Valentina e Jenny, invece, ti lasceremo in pace.

Tornati in classe, Roberta mi ha detto: – Siete state brave tu e Ottilia ad attirarlo nel vostro gruppo. Spero che non abbiate sparlato di tutte le altre, me compresa.

– Non abbiamo sparlato di nessuno, Roberta.

Abbiamo semplicemente voluto allontanarlo dal diluvio di domande indiscrete con cui lo stavano assillando i nostri compagni.

– Di certo ne avrete approfittato per fargliene anche voi un bel po'. Che cosa vi ha raccontato? Vi ha detto come è arrivato in Italia?

– No, non glielo abbiamo chiesto. Aspettiamo che ce lo racconti lui di sua iniziativa.

Durante l'ora di matematica, Amir è stato chiamato alla lavagna.

– Vorrei capire a che punto è la tua preparazione – gli ha detto il prof.

Amir ha risposto a tutte le domande e ha risolto correttamente gli esercizi algebrici che gli sono stati proposti.

– Molto bene – ha annuito con soddisfazione il prof. – Vedo che il mio collega ha lavorato con la stessa velocità. Ma tu ci hai messo di sicuro del tuo per ottenere questi risultati. Ti piace la matematica?

– Sì.

– Allora andremo d'accordo. Ci tengo molto alla mia materia e voglio che venga studiata con continuità e metodo. Complimenti, puoi andare al posto.

– È anche intelligente – ha mormorato Roberta alle mie spalle, sognante.

– Io sono pronta a fargli un filo sfacciato – le ha risposto Tilde.

Ottilia mi ha detto: – Ho la sensazione che viva in una famiglia speciale. Tu no?

– Speciale in che senso, Otti?

– Una famiglia tranquilla dove ci sono due genitori colti e raffinati, ma può darsi che mi sbagli.

– Invece credo che tu abbia ragione, ma Amir ha uno sguardo malinconico, come se avesse vissuto qualcosa di doloroso.

– È inutile nascondertelo, Valentina. Ho una gran voglia di sapere tutto di lui, proprio come i nostri compagni.

– Anche io, Otti. Spero che si confidi presto con noi.

6
Verso casa con Amir

ALL'USCITA DA SCUOLA abbiamo salutato Nico e Jenny e siamo andati in via Po con Amir per prendere l'autobus.

– Grazie per avermi aiutato, stamattina – ha detto Amir a Nico, stringendogli la mano.

Nico ha alzato le spalle con un sorriso: – Ci vediamo domani.

– Da quanto tempo siete amiche voi due? – ha domandato Amir, rivolgendosi a me e a Ottilia.

– Da una vita – gli ho risposto.

Ottilia gli ha chiesto: – Tu hai un amico o un'amica speciale?

– L'avevo.

Ottilia mi ha lanciato un'occhiata interrogativa,

ma si è trattenuta dal fare altre domande, per non risultare invadente.

L'autobus, come al solito, era affollato, ma siamo riusciti a ritagliarci un posticino nella parte posteriore.

– Tu devi scendere una fermata prima della nostra, in piazza Rebaudengo – ha detto Ottilia ad Amir.

– È la prima volta che prendo questo tram.

– Allora scendiamo con te e ti aiutiamo a orientarti.

La decisione della mia amica ci avrebbe poi costrette a fare un bel pezzo di strada a piedi, ma ho capito che era curiosa di vedere dove abitava il nuovo compagno.

– Ci siamo, la prossima fermata è la nostra. A che numero di via Botticelli abiti? – ha chiesto ad Amir.

– Al quattro. Grazie per la compagnia.

– Figurati, siamo vicini di casa. Domani mattina noi prendiamo il tram alle sette e un quarto. Se lo prendi anche tu alla stessa ora, possiamo fare il tragitto insieme.

– Me ne ricorderò.

– Come sei venuto a scuola stamattina?

– Mi ha accompagnato mio padre con l'auto di un amico.

– Come si chiamano i tuoi genitori?

– Mio padre Kamal, mia mamma Jamila.

Davanti al portone gli abbiamo stretto la mano e ci siamo dati appuntamento per il giorno dopo.

– Ho fatto male? – mi ha chiesto Ottilia mentre ci avviavamo verso casa con i nostri zaini in spalla.

– Hai fatto benissimo. Sto pensando di organizzare una riunione sotto il Gigante con gli altri per proporre di farlo entrare nel nostro gruppo, anche se forse è ancora presto. Lo abbiamo appena conosciuto, non sappiamo che tipo è... Abbiamo un sacco di cose da scoprire sul nostro nuovo compagno di classe, Otti.

– Secondo me diventeremo subito amici. Ha accettato di essere accompagnato a casa e ha risposto senza problemi alle nostre domande. Abbiamo rotto il ghiaccio, Vale.

– Grazie alla tua sincerità, Otti.

Le ho preso la mano e abbiamo continuato a

camminare verso casa come facevamo da bambine quando tornavamo insieme da scuola.

Naturalmente ho parlato subito di Amir con Irene.

– Penso che conservi dei ricordi difficili da raccontare – le ho detto. – L'espressione malinconica del suo viso ne è un indizio.

– Credi che abbia fatto anche lui l'esperienza della fuga a causa della guerra, e che sia giunto in Italia come tanti altri disperati?

– È più che probabile, ma non sarò io a costringerlo a rievocare dei momenti così terribili.

A tavola, ne ho parlato anche con la mamma.

– Il mondo sta cambiando in fretta, – è stato il suo commento – ma per voi giovani dovrebbe essere più facile abituarvici. Avete l'età di questo ragazzo, meno pregiudizi di noi adulti, e condividerete con lui lo stesso futuro.

7
Meno pregiudizi, mamma?

STAMATTINA IO E OTTILIA non vedevamo l'ora di salire sul tram.

Abbiamo incollato il viso al finestrino e, quando abbiamo visto Amir in attesa alla fermata successiva, abbiamo gridato entrambe: – Eccolo!

Quando è salito lo abbiamo fatto sedere in mezzo a noi.

– Sei sicuro di avere dormito abbastanza? – gli ha chiesto Ottilia.

– Hai gli occhi stanchi – ho osservato io.

– Ieri sera siamo andati a coricarci tardi.

– Avete avuto ospiti?

– No, non è venuto a trovarci nessuno.

Ottilia ha taciuto e non ha fatto altre domande.

Amir però ha ripreso: – Abbiamo dovuto tranquillizzare mia sorella Adila.

– Non sta bene? – gli ho chiesto.

– No.

– Mi dispiace. Immagino che l'abbiate iscritta alla scuola elementare di via Vallauri.

– Non va ancora a scuola.

– Non hai detto che ha otto anni?

– Sì, ma non può frequentare la scuola perché non vuole allontanarsi da mia madre.

Non ne capivo il perché, ma non volevo costringere Amir a spiegarmelo.

Allora gli ho detto: – In quella scuola insegna il mio maestro. So che quest'anno ha una terza e tua sorella probabilmente verrebbe inserita nella sua classe. Sarebbe una bella fortuna per lei, perché lui si prende molta cura dei suoi alunni.

– Non so se sarebbe in grado di aiutare Adila.

– Tua… tua sorella ha qualche problema? – gli ha chiesto Ottilia. E ha subito aggiunto: – Scusa, non volevo essere indiscreta.

– Mia sorella non riesce a parlare – ha risposto Amir, chinando la testa.

– È sempre stato così?

– No, ha smesso circa un anno fa.

– Come mai?

– Per il momento preferirei non rispondere, se non vi dispiace.

– Ma certo – gli ho subito detto.

Ottilia però gli ha chiesto: – Posso domandarti come mai parli così bene l'italiano?

– Mio padre insegnava la vostra lingua ad Aleppo, perciò l'ho imparata da lui fin da piccolo.

– E lui come fa a conoscerla così bene, al punto da insegnarla ad altri?

– Ha cominciato a studiarla fin da giovane, dopo un viaggio a Firenze con mia mamma. A Firenze ha incontrato degli insegnanti di Torino, che sono diventati suoi amici e lo hanno ospitato più volte quando veniva in Italia per perfezionare la conoscenza della lingua.

– Deve padroneggiarla molto bene, allora.

– Mio padre è innamorato della vostra cultura, soprattutto di Dante Alighieri e di Giacomo Leopardi. Credo che conosca a memoria tutte le loro opere.

– E adesso che lavoro fa, insegna l'italiano a Torino? – ho chiesto ad Amir.

– Dà lezioni a un gruppo di studenti arabi.

– Anche tua mamma è insegnante?

– Lei è una giornalista. O almeno, lo era... Adesso sta cercando un altro lavoro, ma spera che l'assumano in qualche quotidiano, prima o poi, per raccontare ciò che ha vissuto in Siria.

Il tram è arrivato in via Milano, quindi siamo scesi per prendere un autobus e la nostra conversazione si è interrotta.

Davanti alla scuola c'erano la solita folla e il solito vociare. Nico e Jenny ci stavano aspettando.

– Non vi invidio – ci ha detto Nico. – Se abitassi così lontano, forse avrei scelto un altro liceo.

Jenny ha abbracciato prima me, poi Ottilia, e ha stretto la mano ad Amir.

A quel punto Roberta si è avvicinata a noi, mi ha presa da parte e mi ha detto: – Guarda che qualcuno sparla già del vostro amico.

– A che proposito?

– Dicono che è strano, che forse è pericoloso.

– Pericoloso?

– Magari lui è un ragazzo come noi, ma suo padre non si sa mai.

– Puoi essere più precisa?

– E se avesse a che fare con dei terroristi?

– Stai scherzando?

– Non l'ho mica detto io. Lo dicono gli altri.

– Ti rendi conto che queste sono soltanto sciocchezze?

– Questo è quello che ho sentito dire da alcuni ragazzi... Guarda che io non ho niente contro di lui, altrimenti non sarei venuta a raccontarti queste cose.

– Sei stata molto gentile. Ti ringrazio, Roberta.

– Credo che tu abbia avuto sempre un'idea sbagliata di me.

– Perché dici questo? Io non ho mai avuto pregiudizi nei tuoi confronti, anche se non siamo amiche intime.

– Se vuoi saperlo, invidio l'amicizia che lega te, Ottilia, Nico e Jenny. Vi intendete così bene tra di voi... Io, invece... Basta, non ne voglio parlare.

In quel momento è suonata la campanella e siamo entrati a scuola.

– Che cosa ti ha detto Roberta? – mi ha chiesto Ottilia.

– Sembra che alcuni chiacchierino a proposito di Amir e della sua famiglia.

– Ma se lo conoscono a malapena!

– Infatti sono solo pregiudizi.

Ho poi scoperto che quelle maldicenze non provenivano dai nostri compagni di classe, ma da un paio di ragazzi della sezione accanto. Per la precisione, dagli stessi che per qualche tempo hanno tormentato un ragazzo senegalese inserito nella loro classe.

Durante l'intervallo ne ho parlato con Nico e Jenny, in presenza di Amir.

– Se cominciano a diffondere calunnie reagiremo in qualche modo – ha detto Nico.

– Lasciate stare, non voglio che vi mettiate nei guai per me – ha replicato Amir. – Non mi importa quello che dicono.

– Invece deve importarti eccome – ho reagito io. – Questi tipi contano proprio sulla remissività degli altri per continuare a infastidirli, ma con noi sono capitati male. Se necessario, ne parleremo anche con il prof Mario.

Quando siamo rientrati in classe, Roberta ha offerto ad Amir una caramella al miele.

– Ti va? – gli ha chiesto.

– Sì, grazie – le ha risposto Amir senza esitare.

8
La storia di un amico

OGGI POMERIGGIO sono andata con Ottilia a comprare delle mele al supermercato vicino a casa nostra.

– Che cosa prendi? Le golden, le renette o le gala? – mi ha chiesto Ottilia davanti alla grande varietà di mele esposte nel reparto ortofrutta.

– Visto che ci sono le annurca, che non sono sempre facili da trovare, prenderò queste.

Ho messo le mele in un sacchetto di plastica e sono andata a pesarle su una delle bilance a disposizione dei clienti.

È stato allora che ho notato Amir.

– Guarda, sta facendo la spesa anche lui – ho detto a Ottilia.

– Andiamo a salutarlo.

Anche Amir si era accorto di noi e ci ha fatto un cenno con la testa.

– Che cosa sei venuto a comprare? – gli ha chiesto Ottilia.

– Dei biscotti per mia sorella.

– Perché non l'hai portata con te?

– Non è facile convincerla a uscire.

– Se non hai fretta di tornare a casa, potremmo fare un giro nei giardini di Corso Taranto. Sono a due passi da qui.

– D'accordo.

Nei giardini non c'era quasi nessuno, anche se splendeva ancora un tiepido sole.

– Ti trovi bene a Torino? – ho chiesto ad Amir.

– Sì, perché sono con la mia famiglia. Solo i miei nonni sono rimasti in Siria. Mio padre, però, spera di andare a prenderli, prima o poi.

– Vi sentite?

– Non amano i telefonini e per avere notizie chiamiamo un loro vicino. Ma anche lui sta per partire. È il papà di un mio amico, che vuole portare il figlio in Europa per farlo curare.

– Di cosa è ammalato?

– Un giorno stavamo andando a procurarci un po' di farina, quando una granata è esplosa a poca distanza da noi. Io non mi sono fatto niente, Asif invece è stato raggiunto da una grossa scheggia e hanno dovuto amputargli una gamba. Per lui è stato terribile. Diceva che da grande avrebbe voluto fare l'atleta. Era velocissimo a correre, mi batteva sempre. Suo padre vuole portarlo via perché i medici del posto non sono in grado di procurargli una protesi che gli consenta di camminare senza stampelle.

– È terribile! – ha esclamato Ottilia rabbrividendo.

– Non è il primo al quale è capitato. Da quando è cominciata la guerra, tanti bambini sono rimasti feriti. Molti sono anche morti. I nostri genitori non ci facevano più uscire in strada, ma Asif non riusciva a stare chiuso in casa. Qualche volta lo seguivo, soprattutto nelle pause tra un bombardamento e l'altro.

«Chi sono i nostri nemici?» chiedevo a mio padre.

Lui allargava le braccia e mi diceva di non saperlo. Tutti combattevano contro tutti, chi per un motivo chi per un altro. A pagare erano gli innocenti, la cui vita veniva sconvolta per sempre.

Quando mio padre decise che saremmo scappati da Aleppo, Asif mi implorò di restare.

«Se te ne vai, non avrò più nessuno con cui parlare. Sei il mio migliore amico.»

«Mio padre ha promesso al tuo che, appena troviamo una casa per noi, farà di tutto per far partire anche voi.»

Per questo ora sta mettendo da parte del denaro

per spedirlo al padre di Asif, perché possa raggiungere l'Italia con il figlio.

– Quindi speri di rivederli, un giorno? – gli ho chiesto.

– Lo desidero molto. Per me non è stato soltanto un amico, ma anche un fratello. Siamo cresciuti insieme nelle stesse strade, abbiamo frequentato la stessa scuola, abbiamo diviso il cibo quando ha cominciato a scarseggiare. È stato molto doloroso separarmi da lui, perciò spero che papà riesca a farlo venire da noi al più presto. La madre di Asif è morta in uno dei primi bombardamenti su Aleppo.

Quando ho smesso di andare a scuola, ho continuato tuttavia a studiare. Mi mancava molto la mia aula, ma i miei genitori si erano resi conto che i bombardamenti prendevano spesso di mira proprio i luoghi frequentati dai bambini e dai ragazzi.

– È una follia – ho detto.

– Io non sapevo che nome dare alla violenza che cancellava strade, negozi, luoghi di incontro, memorie. Mio padre cercava di spiegarmi che cosa stava accadendo, ma anche lui era disorientato.

Sia lui che mia madre avevano perso il lavoro, naturalmente.

– Per fortuna nessuno di voi è stato ferito – ha detto Ottilia.

– Non è del tutto vero. Mia sorella Adila diventò muta la notte in cui un bombardamento più terribile degli altri devastò la nostra zona. La terra tremava come durante un terremoto.

Quella notte eravamo convinti che un missile avrebbe colpito da un momento all'altro anche

il nostro palazzo, decidemmo perciò di uscire di casa e di raggiungere un rifugio sotterraneo poco lontano.

Mia sorella non voleva lasciare il suo letto. Si era raggomitolata sotto le coperte, stringeva gli occhi e si premeva le mani sulle orecchie per non sentire gli schianti dei bombardamenti.

Adila ha un corpo minuto e fragile, perciò mio padre l'avvolse in una coperta, la prese in braccio e corremmo verso il rifugio. Quando arrivammo all'ingresso, però, vedemmo che era ostruito da un cumulo di macerie. Alcune persone erano rimaste intrappolate e qualcuno cercava di smuovere con le mani i blocchi di cemento per liberarle.

Mio padre affidò Adila a mia madre, e cominciò a scavare anche lui. Mi misi ad aiutarlo, e alla fine riuscimmo a tirar fuori le poche persone che erano andate a proteggersi nel rifugio quando i bombardamenti erano cominciati.

La nostra casa era stata risparmiata e rientrammo stanchi e sfiniti.

Adila, però, non parlava più. Ci guardava con gli occhi fissi e non parlava.

Da allora è come se fosse muta, ed è sempre spaventata.

Se qualche amico di mio padre viene a bussare alla nostra porta, ai primi colpi Adila corre a rifugiarsi nel bagno. Pensa che siano gli uomini che ad Aleppo irrompevano nelle case prendendo a pedate i battenti o picchiando sugli usci con il calcio dei fucili.

– L'avete fatta visitare da un medico? – ho chiesto ad Amir.

– Sì, ma è stato inutile. Ci ha detto che ci vorrà del tempo, che deve recuperare la sicurezza smarrita quella notte e che il nostro affetto e la nostra vicinanza la aiuteranno a guarire, prima o poi.

– Spero che Adila si riprenda presto. Hai lasciato altre persone care ad Aleppo, oltre ai tuoi nonni?

– Sì, un uomo anziano, buono e coraggioso, ma ve ne parlerò un altro giorno. Adesso devo rientrare.

Siamo usciti dai giardini, abbiamo salutato Amir e sono tornata a casa con Ottilia.

Siamo andate nella mia camera e abbiamo ripensato a tutto quello che ci aveva raccontato il nostro nuovo amico.

– Credo che gli abbia fatto bene sfogarsi con noi, no? – mi ha chiesto Ottilia.

– Forse siamo le prime con le quali lo ha fatto. Sono impaziente di conoscere sua sorella, oltre che i suoi genitori. Spero che ci inviti presto.

– A chi alludeva quando ha accennato all'uomo anziano, buono e coraggioso?

– Non ne ho idea, ma ormai Amir ha cominciato a fidarsi di noi e un giorno o l'altro ci parlerà anche di quest'uomo.

9
Tra amici

IN QUESTI GIORNI ho cominciato a leggere con mio padre le pagine che *La Stampa* dedica alle vicissitudini dei profughi che fuggono da luoghi dove sono in corso guerre orribili.

– Spero di conoscere presto tutta la famiglia di Amir. Potrebbero aver bisogno di noi, papà.

Intanto ho parlato anche con Tazio, Rinaldo, Mauro, Malika e tutti gli altri. Abbiamo deciso di vederci sotto il Gigante dopodomani pomeriggio per parlare di Amir.

Quest'albero di platano, che è diventato il simbolo della nostra amicizia, ha perso ormai quasi tutte le sue foglie, e i suoi rami si protendono sulle nostre teste come un abbraccio protettore.

Intanto, a scuola, Roberta continua a regalare caramelle ad Amir.

Non la riconosco più. Ha perso tutta la sua arroganza e l'espressione del suo viso si è come addolcita. Ogni tanto chiede alcune spiegazioni ad Amir, soprattutto sugli esercizi di matematica.

– Sembra innamorata cotta – mi ha detto oggi Ottilia. – Spero che non si stia prendendo gioco di lui.

– No, io credo che sia sincera. È completamente cambiata.

– Vorrei proprio sapere che cosa ne pensa Amir.

Alle quattro eravamo tutti sotto il Gigante.

Faceva talmente freddo che battevamo i denti.

– Sarebbe stato meglio vedersi a casa di Valentina – ha detto Ottilia calcandosi il berretto di lana sulla testa e coprendosi per bene le orecchie.

Ciascuno ha parlato di come vanno le cose a scuola, e infine siamo arrivati alla ragione per cui avevo proposto di incontrarci.

– Voglio parlarvi di Amir – ho cominciato.

Così ho raccontato tutto quello che io e Ottilia avevamo appreso da lui.

– E non è tutto – ho concluso. – Amir ha bisogno di avere degli amici sinceri. Non possiamo sostituire quelli che sono rimasti ad Aleppo, ma dobbiamo fare del nostro meglio perché non si senta solo. Domani vorrei parlargli del nostro gruppo e invitarlo a venire a una delle nostre riunioni. Che ne dite?

– Sotto quest'albero c'è spazio per chiunque, Valentina.

Oggi ho parlato con Amir del gruppo del Gigante e gli ho domandato se volesse farne parte.

– Per ora, oltre a me e Ottilia, conosci solo Nico e Jenny. Presto però conoscerai tutti gli altri, e sono certa che ti troverai bene anche con loro.

– Vi ringrazio per come mi avete accolto. Sono contento di poter fare nuove amicizie – mi ha risposto Amir.

– Che giorno vorresti venire a conoscere il gruppo?

– Per me è indifferente, non ho impegni, a parte studiare e passare del tempo con mia sorella. Le piace ascoltare le storie che le raccontavo ad Aleppo, così gliele ripeto in continuazione.

– Le hai parlato anche di noi e del nostro desiderio di conoscerla?

– Sì. Gli estranei continuano a spaventarla, ma da un paio di giorni la vedo più tranquilla. Fa degli sforzi per parlare, però poi si trattiene, come se avesse paura di sentire la sua voce.

– È questione di tempo, vedrai.

– Ne è passato già tanto, però, e vorremmo che andasse a scuola.

– Anche Adila parla italiano?

– No, non ha mai voluto impararlo, ma credo che un po' lo conosca, a forza di sentirlo parlare da me e da mio papà.

– Le vuoi molto bene, vero?

– Sì. Per lei sono sempre stato il fratello maggiore che la proteggeva dai pericoli, anche se non ho potuto proteggerla dalla guerra che ha stravolto le nostre vite.

– Che cosa pensavi di fare da grande se fossi rimasto ad Aleppo?

Prima di rispondere, Amir ha riflettuto a lungo. Infine ci ha detto: – Ve ne parlerò un altro giorno.

– Sei un po' misterioso – ha osservato Ottilia, toccandogli un braccio.

In quel momento Roberta le ha lanciato uno sguardo di disappunto.

– Ti sarai accorto che non stai simpatico soltanto a noi – ha detto Ottilia ad Amir. – Penso che Roberta tenga molto alla tua amicizia. La credevamo un po' arrogante e superficiale, ma in questi giorni ci stiamo ricredendo.

Amir ha lanciato a Roberta uno sguardo perplesso e ha abbassato la testa.

Oggi c'è stato il primo incontro del nostro gruppo con Amir, e tutti si sono comportati in modo cordiale con lui.

– Che ne dite se una delle prossime sere cenassimo fuori? – ha proposto Ottilia. E, rivolgendosi ad Amir: – Conosci la pizza?

– Sì, una volta sono andato a mangiarla con mio padre e i suoi amici.

– Noi conosciamo un pizzaiolo che fa delle pizze eccellenti, devi proprio assaggiarle.

Prima di separarci, abbiamo accompagnato tutti Amir a casa. Il padre stava tornando dal lavoro proprio in quel momento e così abbiamo avuto modo di farcelo presentare.

L'uomo ha stretto la mano a ciascuno di noi, e a me e a Ottilia ha detto: – Amir mi ha parlato molto bene di voi.

E al figlio ha chiesto: – Stavi rientrando a casa? Tra poco chiamerò i tuoi nonni, e vorrei che parlassi anche tu con loro.

– Va bene, papà.

– Allora a domani, Amir. Arrivederci signor Kamal – abbiamo detto io e Ottilia.

– Arrivederci, ragazzi.

Tornando a casa, Ottilia mi ha detto: – Che bellezza saper parlare la lingua di altri paesi. È come abbattere di colpo un muro. Se io andassi in Siria sarei muta come un pesce, mentre Amir può comunicarci i suoi pensieri e raccontarci il suo passato. Chissà cosa desiderava fare da grande, quando viveva ad Aleppo.

– Prima o poi ce lo dirà.

– Pensi che non si fidi ancora del tutto di noi?

– No, penso solo che alcuni ricordi siano troppo difficili da rievocare.

10
Al chiaro di Luna

STAMATTINA HO PORTATO a scuola cinque fette di crostata: una per me, una per Ottilia, una per Nico, una per Jenny e una per Amir.

Quando siamo usciti nel corridoio per l'intervallo, però, Amir è sparito improvvisamente.

– Dov'è andato? – ho chiesto a Ottilia.

– Sarà corso in bagno.

– No, è andato da quella parte – ci ha detto Roberta. – Verso la biblioteca o la sala insegnanti.

– Vado a cercarlo – ho detto. – Se non mangia ora la crostata, dovrà portarsela a casa.

Dov'era Amir? Non era possibile che fosse andato direttamente in biblioteca, perché a quell'ora non c'era la responsabile e non era giorno di prestito dei libri.

Stavo per tornare da Ottilia quando, in sottofondo, ho sentito le note di un piano. Mi sono fermata di colpo e mi sono bastati pochi secondi per riconoscere la dolce melodia della sonata *Al chiaro di Luna* di Beethoveen.

Ogni volta che la sento, mi sembra di tornare indietro nel tempo ai primi mesi della seconda elementare.

In quel periodo il maestro Angelo, dopo pranzo, tirava giù le veneziane, e nella dolce penombra dell'aula ci faceva ascoltare le musiche di Mozart, di Chopin e, appunto, di Beethoven.

La sonata per piano *Al chiaro di Luna* mi provocava sempre un dolce struggimento. Chiudevo gli occhi e immaginavo di essere sola, di notte, sotto un cielo limpido nel quale risplendeva una grande luna.

Da dove proveniva la musica che stavo ascoltando in quel momento?

Sapevo che in biblioteca c'era un pianoforte, così, con un po' di esitazione, ho ruotato la maniglia e ho socchiuso la porta.

BIBLIOTECA
CHIUSO

Amir era seduto al piano e stava suonando. Le sue dita passavano da un tasto all'altro con una disinvoltura e una maestria che mi hanno lasciata senza parole.

Quando si è accorto della mia presenza, ha smesso subito di suonare e ha abbassato di colpo il coperchio della tastiera.

Si è alzato, è venuto verso di me rosso in viso e mi ha detto: – Non dirlo a nessuno, per favore. Vai avanti prima tu, io vi raggiungo dopo.

– L'hai trovato? – mi ha chiesto Ottilia quando mi ha vista arrivare.

– No, non l'ho trovato. Sarà andato in bagno.

– Siamo andati a cercarlo, non c'era.

– Non farmi altre domande – le ho bisbigliato.

– Eccolo, sta arrivando – ha detto Nico.

– Dove ti nascondevi? – gli ha chiesto Roberta.

– Da nessuna parte. Sono andato a chiedere un'informazione in segreteria.

Rientrate in classe, Ottilia mi ha chiesto: – Anche tu adesso cominci a fare la misteriosa? Che cosa è successo?

– Una cosa imprevedibile, Otti. Però Amir mi ha chiesto di non dirlo a nessun altro.

– Io non sono “nessun altro”, Valentina.

– Hai ragione, penso di potermi confidare con te.

– Allora?

– L’ho trovato in biblioteca.

– Non è giorno di prestito dei libri.

– Non è andato a chiedere in prestito dei libri. È andato a suonare il piano.

– Stai scherzando?

– Non credevo ai miei occhi. Sai cosa stava suonando? La sonata di Beethoven con la quale il maestro ci faceva riposare dopo pranzo in seconda elementare.

– Sa suonare il piano?

– Sì, ha un vero talento.

– Non pensi che ci debba qualche spiegazione?

– Forse ce ne parlerà quando torniamo a casa.

E così è stato.

– Ottilia lo sa – ho detto ad Amir, dopo essere saliti sull’autobus. – Spero che non ti dispiaccia.

– Non c’è problema. Vi andrebbe di fare un giro ai giardini, dopo pranzo?

– Va bene. Posso portare anche mia sorella Irene con noi?

– Sì, certo.

Amir è sceso alla fermata prima della nostra, e Ottilia, guardandolo incamminarsi verso casa, mi ha detto: – Quel ragazzo è come uno scrigno di meraviglie.

– Ma è circondato da poca gioia e da molto dolore, penso.

Alle tre meno un quarto eravamo all'ingresso dei giardini di Corso Taranto.

Siamo andate a sederci su una panchina e abbiamo atteso Amir, che tardava ad arrivare.

– Dici che non verrà? – mi ha chiesto Ottilia, perplessa.

– Perché dovrebbe aver cambiato idea?

– Non preoccupatevi inutilmente – ci ha detto Irene. – Guardate, sta arrivando.

Amir si è seduto a un'estremità della panchina e si è scusato.

– Sono rimasto con Adila finché mia madre non è tornata.

– Nessun problema, Amir, sono rimasta sbalordita quando ti ho visto suonare – gli ho subito detto io.

– Non sono riuscito a trattenermi. L'ultima volta che ho suonato il piano è stato una settimana prima di partire da Aleppo.

– Avevate un pianoforte in casa?

– No, lo aveva il mio maestro.

– Prendevi lezioni di musica?

– Ho cominciato a prenderle da Franz da quando avevo quattro anni. È un musicista austriaco amico di papà. Anche mio padre ama la musica, perciò, quando si accorse che ascoltavo volentieri le registrazioni dei concerti, mi chiese se mi sarebbe piaciuto imparare a suonare qualche strumento.

Un giorno mi accompagnò a casa di Franz, che viveva solo da quando la moglie era morta tre anni addietro. Lei si chiamava Afrah e si erano conosciuti a Vienna durante un concerto, molti anni prima. Si piacquero subito e lui la seguì ad Aleppo.

«Non è ancora troppo piccolo?» chiese mio padre a Franz, quando mi presentò.

«Io avevo compiuto da poco tre anni il giorno

in cui mio padre mi fece sedere davanti a un pianoforte, mettendo un cuscino sullo sgabello. Non è mai troppo presto per far innamorare i bambini della musica.»

Franz si sedette davanti al pianoforte e suonò *Al chiaro di Luna* di Beethoven.

Mentre suonava, osservava il mio viso. Io ero incantato e lo seguivo rapito.

Lui se ne accorse e, quando ebbe finito di eseguire il brano, mi disse: «Benvenuto nel mondo della musica, Amir. Faremo molti viaggi insieme ad alcuni dei geni più grandi dell'umanità».

Da quel giorno cominciò a darmi lezioni a casa sua. Mio padre mi accompagnava a piedi e lungo la strada mi chiedeva: «Come ti trovi con Franz?».

«Bene» gli rispondevo.

«Anche lui è contento di te. Dice che impari in fretta e che un giorno potresti diventare un grande musicista.»

Non avevo idea di chi fosse un grande musicista, ma la musica di Franz mi piaceva e mi tranquillizzava.

«Qualcuno ti ha mai parlato degli angeli?» mi chiese un giorno il mio maestro.

Gli risposi di no.

«La mia cultura e la mia religione sono diverse dalle tue, ma la musica ignora queste distinzioni e parla agli uomini e alle donne di ogni epoca con una lingua comprensibile a tutti. Gli angeli sono delle creature purissime che cantano le lodi del Creatore, per chi crede. Anche chi non crede, però, se alza gli occhi al cielo in una notte serena per vedere le stelle, può sentire una musica che non ha nulla a che fare con i suoni a cui siamo abituati nella vita di tutti i giorni. Solo alcuni sono capaci di sentirla, perché bisogna saper ascoltare non soltanto con le orecchie, ma anche con il cuore. Beethoven, Mozart, Chopin e tutti gli altri grandi musicisti hanno costruito dei ponti tra la terra e il cielo, tra l'attimo e l'eterno, e hanno saputo dare voce ai bisogni più profondi dell'umanità.»

– Doveva essere un uomo speciale – ho detto.

– Continua a esserlo anche adesso.

«La musica è più forte delle bombe, perché

esalta la vita, non la distrugge» mi disse, prima di salutarmi.

– È rimasto ad Aleppo?

– Sì. Gli chiedemmo se voleva partire con noi, ma rifiutò.

«Perché non vuole venire con noi, maestro Franz?» gli chiesi con le lacrime agli occhi. «Potrebbe raggiungere la sua Austria. Mi ha sempre detto che ha parenti e conoscenti a Vienna.»

«Sono troppo vecchio, Amir» mi rispose. «Inoltre non potrei portare il piano e, senza di lui, non potrei vivere un giorno di più. Infine, qui è sepolta la mia Afrah. Non posso lasciarla sola, gliel'ho promesso.»

– Non l'hai più sentito? – abbiamo chiesto ad Amir.

– No, ma il papà di Asif ci tiene aggiornati sulle sue condizioni di salute. Dice che, tra un bombardamento e l'altro, Franz apre la finestra e si mette a suonare il piano. Allora la gente si raduna sotto casa sua e lo ascolta finché non smette. Mi piacerebbe rivederlo un giorno, ma chissà se potrò mai tornare alla mia Aleppo e alla mia Siria.

– Sarebbe bello se tu potessi esercitarti ancora al piano. La tua è una virtù straordinaria, Amir, e devi esserne orgoglioso.

– Non saprei a chi rivolgermi.

– Dobbiamo pensarci su – ho detto. – Mi permetti di parlarne con il mio maestro? Quando io e Ottilia siamo in difficoltà per qualsiasi ragione, sappiamo di poter contare sul suo aiuto. Angelo non si tira indietro nemmeno quando si tratta di persone che non conosce.

– Certo, fai pure. Domani pomeriggio vorrei invitarvi a casa mia, perché mia madre vuole incontrarvi.

11
Una bambola per Adila

ALLE QUATTRO IN PUNTO, io, Ottilia e Irene eravamo sotto casa di Amir.

«Vorrei portare un regalo ad Adila» ho detto a Irene ieri sera. «Però non ho idea di cosa potrebbe farle piacere ricevere, in questi momenti così difficili per lei.»

«Non pensi che potrebbe gradire una bambola?»

«Hai ragione. Gliene porterò una delle mie, quella di pezza. Sono curiosa di vedere come reagisce.»

Prima di suonare il campanello, ho dato un'ultima occhiata alla bambola. Era una delle mie preferite, e i vestiti erano come nuovi.

Irene aveva con sé una crostata appena sfornata

dalla mamma, mentre Ottilia aveva comprato una scatola di gianduiotti.

– Salite pure – ci ha risposto Amir, un po' emozionato.

Quando siamo uscite dall'ascensore, era sul pianerottolo.

– Entrate, la mamma e Adila vi stanno aspettando nel soggiorno.

La mamma di Amir ci ha salutate dicendo: – Benvenute a casa nostra. Il mio italiano non è perfetto come quello di Amir, ma lo capisco molto bene.

– Grazie per l'invito, signora – ha detto Ottilia.

– Amir ci teneva tanto e io vi ringrazio per l'amicizia e la vicinanza che gli state mostrando. Venite, accomodiamoci di là.

Adila era seduta su un divanetto e ha lanciato un'occhiata implorante alla mamma, perché tornasse a sedersi accanto a lei.

La madre si è seduta al suo fianco, le ha preso una mano e l'ha tenuta stretta fra le sue.

Il viso di Adila si è disteso ma ci guardava ancora un po' intimorita.

– Abbiamo portato una crostata fatta da nostra mamma – ha detto Irene alla signora Jamila.

– Io ho pensato di comprare dei gianduiotti. Non so se li conosce – ha detto Ottilia.

– Li conosco e li apprezzo. Ormai siamo a Torino da molti mesi e conosco gran parte dei vostri dolci.

A quel punto ho detto: – Io ho pensato a un regalo per Adila. Spero che le piaccia.

Adila mi ha guardata con un'espressione indifferente. Aveva sentito risuonare il suo nome sulla mia bocca, ma credo che non avesse capito il senso delle mie parole.

La madre glielo ha spiegato in arabo, ma Adila continuava a stringersi a lei senza mostrare molta curiosità.

– Le ho portato questa – ho detto estraendo la bambola dal mio zaino.

Appena la bambina ha visto il mio regalo, ha spalancato gli occhi ed è scoppiata a piangere in modo irrefrenabile, nascondendo il viso sul petto della madre.

Sono rimasta immobile stringendo la mia bambola tra le mani e ho guardato sconcertata Amir e sua madre.

La donna è uscita dalla stanza tenendo per mano la figlia e dicendoci con un sorriso: – Scusateci, torniamo tra poco.

– Non capisco – ho detto ad Amir, sinceramente mortificata.

Anche Irene e Ottilia lo guardavano, in attesa di una spiegazione.

– Non devi meravigliarti – ha cominciato Amir. – La bambola che hai portato somiglia in modo incredibile a quella che Adila aveva ad Aleppo. Purtroppo però, quando eravamo a metà del viaggio per mare, visto che la barca rischiava di affondare, uno degli scafisti ha cominciato a urlare che dovevamo sbarazzarci di tutto ciò che di superfluo avevamo portato con noi.

Mia sorella aveva messo la bambola in uno zainetto che stringeva fra le braccia, ma uno di quegli uomini gliel'ha strappato di mano e l'ha gettato in mare.

Adila è scoppiata a piangere e mio padre è riuscito a stento a trattenerla dal lanciarsi in acqua per salvare la sua bambola.

Ci giocava fin da quando aveva tre anni, se la portava a letto quando andava a coricarsi la sera, la metteva di nascosto nella cartella quando andava a scuola, la teneva in grembo anche quando pranzava. Esserne privata in un modo così brusco e crudele, è stato molto doloroso per lei.

Poco fa, vedendo la tua bambola, deve aver pensato a quando le gettarono in mare la sua.

– Mi dispiace, non potevo saperlo.

– In realtà forse non è stato un male portargliela. Da mesi Adila sembrava insensibile a ogni emozione, e il fatto che sia scoppiata a piangere, per me è un buon segno. Anche mia madre è rimasta molto colpita.

– Cosa faccio della bambola? Vuoi che la riporti a casa?

– Secondo me devi lasciargliela. Può darsi che in qualche modo l'aiuti.

Poco dopo la madre di Amir è ritornata con Adila. La figlia si era calmata, anche se aveva ancora gli occhi gonfi e rossi.

La bambina si è stretta alla madre, dopo essersi accoccolata al suo fianco sul divano, ma ogni tanto lanciava delle occhiate alla bambola che io avevo posato su un tavolino.

A un certo punto Amir ci ha chiesto: – Avete voglia di fare una passeggiata?

Gli abbiamo risposto di sì, sorprese dal suo invito.

Una volta in strada, Amir ci ha detto: – Mia madre avrebbe voluto parlare di più con voi, ma quando mi sono accorto delle occhiate furtive che Adila lanciava alla bambola, ho capito che avrebbe voluto prenderla in braccio. Siccome non aveva il coraggio di farlo alla vostra presenza, vi ho proposto di uscire.

– Hai fatto bene. Verremo a trovarti di nuovo, per chiacchierare anche con tuo padre.

– Gli farebbe molto piacere. Penso che vorrebbe

invitarvi a pranzare con noi. Ormai ci siamo abituati alla cucina italiana, ma ad Aleppo seguivamo altre tradizioni. Per noi mangiare non è soltanto condividere il cibo. È importante lo stare insieme, e un pranzo può durare anche delle ore. Andiamo ai giardini? Credo che sia giunto il momento di raccontarvi come è stato il nostro viaggio da Aleppo a Torino.

12
Il viaggio di Amir

– IL GIORNO IN CUI I MIEI genitori decisero di partire, ne parlarono anche con me – ha cominciato Amir. – A forza di assistere ai bombardamenti, anche i bambini vivevano come gli adulti: stavano svegli la notte, correvano nei rifugi, avevano imparato a nascondersi quando gli uomini armati venivano a bussare alle porte per lanciarsi nei loro saccheggi.

Perciò quando mio padre mi disse che bisognava abbandonare la Siria, capii subito che non c'era altra soluzione.

«Dobbiamo mettere da parte quanto più denaro possibile» ci disse. «Il viaggio costerà molto. Purtroppo non abbiamo parenti all'estero, ho soltanto degli amici a Torino, conosciuti durante i miei viaggi di formazione linguistica negli anni passati. Loro potranno darci un aiuto quando arriveremo in Italia.»

Gli amici di mio padre avevano promesso che, se riuscivamo ad arrivare in Sicilia o in Calabria, sarebbero venuti a prenderci in auto per accompagnarci a Torino. Ci avrebbero ospitati nelle loro case.

Gli avevano detto che, una volta in Italia, avevamo il diritto di chiedere asilo in quanto rifugiati di guerra. Ci hanno anche promesso il loro aiuto per trovare una casa e un lavoro, possibilmente simile a quello che lui e la mamma facevano in Siria, ossia l'insegnante e la giornalista.

«Resteremo sempre insieme,» ci disse mio padre «anche se dovremo affrontare dei momenti difficili e pericolosi».

Adila non voleva rassegnarsi all'idea di lasciare i nonni ad Aleppo.

«Perché non vengono con noi?» ci chiedeva.

«Perché sono anziani, e non possono sostenere il lungo viaggio che affronteremo» le rispondeva paziente mio padre. «Ci raggiungeranno quando potranno farlo in sicurezza, prendendo un aereo.»

«La nonna dice che non ci salirebbe mai.»

«La convinceremo. Se vorrà vivere con noi, dovrà farlo.»

Per risparmiare i soldi necessari per il nostro viaggio occorsero tempo e sacrifici. Mio padre aveva perso il suo lavoro di insegnante e dava ripetizioni private a qualche ex studente.

«In molti è subentrata la rassegnazione» ci diceva «e ritengono che non valga più la pena di studiare e di progettare un futuro in Siria. Le mie lezioni di italiano interessano ormai a pochi».

Mia madre, invece, che conosceva bene l'inglese, trovava più facilmente lavoro. Molti consideravano questa lingua utilissima per chi volesse emigrare all'estero.

Mio padre però mi diceva: «L'italiano è una lingua affascinante, che ha alle spalle una grande cultura. Spero che un giorno tu possa vedere le bellezze e le opere d'arte italiane, oltre che leggere i capolavori degli autori più famosi».

Per questo aveva cominciato a insegnarmi questa lingua fin da piccolo.

– Sarebbe bello se tuo padre riuscisse a diventare insegnante anche qui. E poi, come è cominciato il viaggio? – ho chiesto ad Amir.

– Uscire dalla Siria non fu facile. Molti ci fermavano per chiederci la ragione della nostra partenza, e quasi tutti pretendevano del denaro per farci passare.

La nostra prima tappa fu il Libano, dove prendemmo un aereo che ci portò in Egitto.

Qui la situazione era dura per tutti: trovammo molta miseria, disoccupazione, povertà. Non ci fu modo di lasciare subito il paese per arrivare con sicurezza in Italia, e dovemmo adattarci a vivere in una delle periferie del Cairo.

Gli egiziani non ci guardavano di buon occhio, perché c'erano molti pregiudizi nei confronti dei siriani. Fu lo stesso quando passammo in Libia, dove pensavamo di trovare dei fratelli pronti ad aiutarci, invece incontrammo una feroce ostilità.

I due mesi che passammo a Bengasi sono stati i più brutti del nostro viaggio. Per guadagnare un po' di denaro, mio padre si adattò a fare lavori pesanti e umili, ma non sempre veniva pagato.

In Libia eravamo continuamente in pericolo. Un giorno, mentre andavo con mio padre alla ricerca di un po' di pane e di latte, fummo aggrediti da un paio di uomini che volevano rapirmi per poi chiedere un riscatto. Per fortuna non ci riuscirono, ma da quel momento non uscii più di casa. Mia sorella Adila se ne stava aggrappata a mia madre senza mai lasciarla.

«Quando partiremo?» chiedevo ogni giorno.

Mio padre allargava le braccia e rispondeva: «Devo avere la sicurezza che potremo imbarcarci tutti e quattro, anche se purtroppo non possiamo conoscere le condizioni della barca che ci trasporterà. Potrebbe essere solida o potrebbe cedere in mezzo al mare prima dell'arrivo».

«Cosa facciamo, papà?»

Mio padre mi guardava e mi ripeteva: «Dobbiamo rischiare, Amir. La vita in Libia è sempre più pericolosa, e del resto siamo partiti conoscendo in anticipo i pericoli che avremmo affrontato».

«Tuo padre ha ragione» mi diceva la mamma.

«Qualunque cosa succederà, resteremo sempre insieme.»

Mio padre mi aveva parlato a lungo dell'Italia, dove alle persone vengono riconosciuti alcuni diritti fondamentali, come quello di essere curati quando ci si ammala. In Siria molti medici erano fuggiti, ed erano ricomparse alcune malattie che si pensavano sconfitte per sempre, come la poliomielite.

Perciò ero impaziente di partire, per ricominciare una vita normale lontana da quegli orrori.

Un giorno mio padre tornò a casa euforico.

«Ci siamo!» esclamò. «Credo di avere trovato il contatto giusto. Potremo imbarcarci fra una settimana.»

«Arriveremo sani e salvi in Italia?»

«Mi auguro di sì. Lo scafista mi ha assicurato che a bordo ci saranno i bagni e che ci daranno da mangiare a sufficienza per tutta la durata della traversata. Si è raccomandato solo di non portare cibarie o altri oggetti inutili, per non appesantire la barca.»

Ricordo che Adila, che ascoltava la nostra

conversazione, a quelle parole aveva stretto ancora più forte la bambola tra le braccia.

«Ho dovuto pagare di più per avere un posto sul ponte» continuò mio padre. «Così potremo respirare liberamente. Mi dispiace per quelli che dovranno viaggiare nella stiva perché non hanno abbastanza denaro.»

«Non è giusto, Kamal» disse mia madre.

«Niente è giusto in questa situazione terribile. Auguriamoci che il viaggio si concluda bene per tutti.»

La notte in cui ci imbarcammo, eravamo più di trecento sulla spiaggia. I due uomini che avevano organizzato il viaggio davano ordini concitati per farci salire in fretta sul barcone. Prima riempirono la stiva, poi disposero gli altri sul ponte. Eravamo così tanti da non poterci muovere.

Ci misero in guardia dal fare movimenti bruschi, se non volevamo rischiare che la barca si capovolgesse.

Appena il barcone partì, ci rendemmo subito conto che nulla di quanto ci era stato promesso corrispondeva alla verità. Dei bagni e del cibo, infatti, non c'era alcuna traccia.

A bordo c'erano anche molti bambini che tremavano di freddo e piangevano.

Dopo tre ore di navigazione, cominciammo a sentire dei colpi che provenivano dalla stiva. Le persone all'interno gridavano di non riuscire a respirare, ma i due uomini minacciavano di picchiarli se avessero tentato di uscire con la forza.

Quando le grida si fecero più insistenti, mio padre disse: «Non possiamo ascoltare quei poveretti senza far nulla».

Allora parlò con altri tre siriani che erano saliti con noi e insieme decisero di obbligare i due scafisti ad aprire il portellone della stiva.

Uno dei due rispose a mio padre di non intromettersi, altrimenti l'avrebbe gettato in mare.

Mio padre, però, insieme ai suoi amici, non si fece intimidire. Non era mai stato un vigliacco e non aveva mai voltato le spalle a chi aveva bisogno di aiuto.

«O aprite il portellone per fare respirare quella gente o saremo noi a buttare in mare voi.

Sia mio padre, sia gli altri siriani, sembravano molto sicuri di sé, perciò i due scafisti si sentirono in pericolo. Siccome anche altri uomini cominciavano a mormorare contro di loro, si resero conto che un'eventuale ribellione avrebbe avuto un esito disastroso per tutti.

Uno dei due, quindi, aprì il portellone e vedemmo affacciarsi dalla stiva alcuni ragazzi boccheggianti.

«Non agitatevi» si raccomandò mio padre. «La barca è troppo carica, rischiamo di capovolgerci.»

Il mare nel frattempo stava diventando mosso

dopo una navigazione tutto sommato tranquilla.

Uno scafista, forse per vendicarsi dell'affronto che aveva subito, ordinò di gettare subito in mare ogni peso a suo giudizio superfluo.

La gente cominciò ad aver paura e ubbidì a malincuore all'ordine. L'uomo si fece strada fino al punto in cui stava stretta la mia famiglia e, all'improvviso, strappò a mia sorella lo zainetto nel quale c'era la bambola e lo scaraventò fra le onde. Di questo vi ho già parlato…

Poco prima dell'alba vedemmo in lontananza il profilo di una nave.

«Arrivano, arrivano!» gridò qualcuno.

«State calmi, non agitatevi» disse mio padre alzando la voce. «Ci hanno visti, stanno venendo verso di noi. Restate seduti, non muovetevi dal vostro posto, per favore.»

Per fortuna la maggior parte delle persone ascoltò l'esortazione di mio padre e cercò di controllare la paura e l'emozione.

Ero molto emozionato anch'io. Non mi sembrava vero che di lì a poco saremmo arrivati sani e salvi in porto, lontano per sempre dagli scoppi dei mortai, dal fragore dei bombardamenti, dalle minacce di banditi senza scrupoli.

«Ce l'abbiamo fatta» ci disse mio padre. «Da oggi possiamo cominciare una nuova vita.»

Mia madre assentì e si mise a piangere in silenzio, mentre cullava mia sorella.

La nave che ci salvò ci condusse a Reggio Calabria, dove molte persone, compresi dei medici, cominciarono ad occuparsi subito di noi.

Trascorsero un paio di giorni prima che fossimo liberi di partire. Gli amici di mio padre arrivarono con due auto e ci portarono a Torino.

Ci ospitarono a casa loro finché non riuscirono ad affittare un piccolo alloggio per noi, che era quello in cui abitavamo prima di trasferirci da queste parti.

Quando Amir ha finito di raccontare avrei voluto abbracciarlo, ma mi sono trattenuta. Gli ho detto, commossa: – Devi proprio essere orgoglioso di tuo papà.

– Lo ero anche prima di questo lungo viaggio, ma è stata la guerra a rivelarmi le qualità che non aveva avuto modo di mostrare quando la nostra vita scorreva tranquilla. Gli sono debitore di tutto, anche della conoscenza della lingua italiana che mi ha permesso di raccontarvi la mia storia.

– Stasera chiamerò il maestro per parlargli della tua abilità nel suonare il pianoforte. Sono certa che penserà a qualcosa perché tu possa riprendere a esercitarti – ho promesso ad Amir.

13
Un nuovo maestro

DOPO CENA ho chiamato Angelo.

– Io e Giulietta stavamo parlando proprio di te, poco fa – mi ha detto. – Non ci crederai, ma ho ritrovato uno dei quaderni sui quali scrivevi le storie che poi facevi leggere solo a me.

– Dimmi la verità, hai riso quando hai riletto le mie storie?

– No, non ti abbandonavi mai a voli di fantasia e parlavi solo di ciò che conoscevi, delle persone che incontravi e dei tuoi pensieri.

– Non sono cambiata molto, Angelo.

– Coltivi sempre il desiderio di scrivere libri, un giorno?

– Non ho mai smesso di pensarci. Perciò leggo

molto, continuo a scrivere e tengo gli occhi aperti per osservare le cose che accadono intorno a me. In questi giorni ho conosciuto un ragazzo siriano di nome Amir. È per lui che ti sto telefonando.

Angelo mi ha ascoltata con attenzione, senza mai interrompermi. Quando ho concluso il mio racconto, mi ha detto: – Penso di poter dare una mano al tuo amico. Conosco un maestro di musica che nei miei primi anni di insegnamento veniva a dare lezioni ai miei alunni. Insegnava loro a costruire strumenti e a fare musica nei modi più impensati. La sua passione principale era suonare il piano, e ne ha uno di gran valore a casa.

– Quanti anni ha?

– Ha quasi ottant'anni e vive da solo, perché la moglie è morta alcuni anni fa.

– Pensi che potrebbe dedicare un po' del suo tempo ad Amir?

– Secondo me sarebbe felice di avere come allievo un ragazzo così dotato. Gli anziani sono sempre contenti quando hanno a che fare con dei giovani che vogliono imparare qualcosa che li appassiona.

– Come si chiama?

– Sebastiano.

– Grazie, Angelo, mi hai sempre aiutata quando ero piccola e continui a farlo anche adesso. Posso chiamarti domani per sapere se hai delle novità positive per Amir?

– Certo, puoi anche venire da me con il tuo amico, così ne parliamo insieme.

– Dopo aver incontrato Amir e aver ascoltato la sua storia, guardo con occhi diversi le immagini che mostrano al telegiornale. Sono scene terribili, Angelo.

– Continuiamo a non imparare dagli errori che commettiamo, Valentina. Però, finché ci saranno uomini come il papà di Amir, che ha avuto il coraggio di sfidare i prepotenti sul barcone, rimane la speranza che le cose possano cambiare in meglio.

La telefonata di Angelo è arrivata il giorno dopo, prima di cena.

– Ho buone notizie per il tuo amico, Valentina. Sebastiano sarebbe felicissimo di dargli lezioni di piano.

– Evviva! Dove abita?

– In piazza Crispi.

– Come possiamo farli incontrare?

– Decidete tu e Amir quando vi fa più comodo andare a trovarlo. Naturalmente la prima volta verrò anch'io con voi.

– Lo chiamo e ti faccio sapere. Grazie, Angelo, sei stato disponibile come sempre. Il mio amico te ne sarà grato.

Pur avendo il numero di telefono di Amir, fino a quel momento non l'avevo mai chiamato.

Pensavo che sarebbe venuto lui a rispondere, invece ho sentito la voce di un uomo.

– Buongiorno, sono Valentina – ho detto.

– Ciao, Valentina, sono il papà di Amir.

– Buongiorno, signor Kamal. Come sta Adila?

– Sembra che la tua bambola stia facendo miracoli. Piano piano, Adila sta ricominciando a parlare. Non con noi, per il momento, ma con la bambola.

– Ne sono contenta.

– Vuoi parlare con Amir?

– Sì, ma prima vorrei spiegare anche a lei cosa sta succedendo.

– Ti ascolto.

– Il mio maestro conosce un anziano musicista, il signor Sebastiano, che è disposto a dare lezioni gratuite di piano ad Amir. Vorremmo fissare un appuntamento, se lei è d'accordo.

– Amir ne sarebbe felice, e io lo sarei ancora di più. Potrebbe andar bene domani sera, prima di cena?

– Penso di sì. Ne parlo con il maestro e le faccio sapere.

– Grazie, Valentina. Ti passo Amir.

Il mio amico è venuto subito al telefono.

– Ciao, Amir. Abbiamo trovato un musicista che deve somigliare molto al tuo vecchio maestro Franz, e tuo padre è d'accordo che tu prenda lezioni da lui.

– Ti ringrazio per quello che stai facendo per me.

– È un piacere poterti aiutare. Ti chiedo solo una cosa: mi piacerebbe assistere almeno ad alcune di queste lezioni. Vorrei sentirti suonare il piano, posso?

– Se il musicista è d'accordo...

– Vorrei ascoltare di nuovo *Al chiaro di Luna*.

Mi hai molto emozionata quando l'hai suonata a scuola. Conosci altre sonate di Beethoven?

– Sì. Ho imparato *Per Elisa* e altre meno note. Il mio vecchio maestro Franz aveva una vera venerazione per Beethoven e cercava di trasmetterla anche a me.

– Credo che Sebastiano abbia la stessa passione di Franz per la musica. Forse anche per Beethoven, chissà...

14
A lezione di piano

L'INCONTRO CON SEBASTIANO è andato molto bene. Il signor Kamal ne ha avuto un'ottima impressione e lo ha ringraziato calorosamente.

Il vecchio pianista ha domandato ad Amir: – Ti va di suonare qualcosa per noi?

Lui è arrossito, ma ha detto di sì.

Ho visto gli occhi di Sebastiano illuminarsi mentre le dita del mio amico si muovevano senza incertezza sui tasti.

E, non appena Amir ha smesso di suonare, gli ha detto: – Sarà una gioia per me avere un allievo così bravo. Credo che tu abbia preso lezioni da un maestro eccezionale, oltre ad avere una dote naturale.

– Il mio maestro è rimasto in Siria – ha detto Amir, commosso. – È anziano come lei.

– Mi racconterai tutto di lui, se vorrai.

Quando Amir è andato via con suo padre, io sono tornata a casa con il maestro. Appena sono arrivata ho telefonato a Ottilia.

– Se tu vai ad assistere a qualche lezione, voglio venire anch'io – mi ha detto.

– Amir non ha nulla in contrario. Quanto a Sebastiano, penso che non ci dirà di no.

– Sono proprio contenta di come stiamo aiutando Amir, Vale.

– Dovremmo coinvolgerlo di più nelle iniziative del nostro gruppo. Potremmo portarlo a Superga per esempio, forse non ha ancora visto dall'alto la città dove vivrà la sua vita. Non appena avremo un po' di tempo organizzerò una gita.

Sebastiano ha acconsentito volentieri ad averci come ascoltatori, così oggi abbiamo assistito alle prime prove di Amir.

Quando Sebastiano gli ha chiesto se conosceva qualcosa di Chopin, lui ha risposto di saper suonare *Tristezza*.

– Te la senti di farcela ascoltare?

Amir ha preso posto davanti al piano e ha cominciato a suonare.

Non conoscevo quel brano, ma appena le note hanno cominciato a echeggiare nella stanza, ho avvertito un senso di malinconia e di dolce struggimento.

Al termine dell'esecuzione, Sebastiano è rimasto per qualche tempo in silenzio.

Poi ha detto: – Penso che il tuo maestro ti rimpiangerà molto.

A queste parole, gli occhi di Amir si sono riempiti di lacrime. Ha cercato di nasconderle asciugandole con il dorso della mano, ma

Sebastiano gli ha detto: – Non devi vergognarti. Durante la Seconda Guerra Mondiale, quando avevo nove anni, un giorno abbandonai anch'io Torino per sfuggire ai bombardamenti dei nazisti. Conobbi la paura, la fame e l'ansia per il domani, quindi credo di capire bene il tuo stato d'animo e quello dei tuoi cari. Se allora avessi conosciuto la musica forse avrei trovato una fonte di consolazione, invece cominciai a suonare solo dopo la fine della guerra. Ci vediamo fra tre giorni, non mancare.

– Verrò di sicuro. Grazie, maestro.

Mentre tornavamo a casa, Amir mi ha detto: – Mi ha parlato come avrebbe fatto Franz. Mi sembra quasi che sia ancora vicino a me.

15
I dubbi di Roberta

DURANTE L'INTERVALLO, Roberta mi ha chiesto: – Posso parlarti?

Non appena siamo rimaste da sole, mi ha confidato: – Devo chiederti una cosa, anche se non so se vorrai aiutarmi.

– Dimmi pure.

– Se ti dessi una lettera per Amir, gliela consegneresti da parte mia?

– Perché non gliela dai tu?

– Mi vergognerei troppo. Tu, invece, hai molta più confidenza.

– Sì, siamo diventati amici. Qualche volta racconta a me e a Ottilia alcune delle difficoltà che ha affrontato con la sua famiglia, e penso che questo l'aiuti un po' a sfogarsi – le ho spiegato.

– Mi piacerebbe che lo facesse anche con me. Forse gli scoccia che io gli regali sempre caramelle e gli presti cose di cui non ha bisogno – mi ha detto Roberta, preoccupata.

– Sono gesti di cortesia che uno come Amir può solo apprezzare.

– Allora credi che la mia lettera possa fargli piacere?

– Dipende da cosa hai scritto, Roberta.

– Gli ho confidato che mi sta simpatico e che vorrei che ci conoscessimo meglio. Non conosco la sua cultura, e ho paura che Amir possa considerarmi una sfacciata...

– Non preoccuparti, Roberta. Suo padre è professore, ama la nostra lingua e il nostro Paese. La madre è giornalista e dunque è abituata a confrontarsi con la gente di paesi diversi. Amir non è differente dai suoi genitori e coltiva tanti interessi, compresa la musica classica, anche se non vuole che i nostri compagni lo sappiano, per ora.

– Non lo dirò a nessuno, e ti ringrazio per avermelo confidato. Tieni, questa è la lettera per Amir.

Roberta ha estratto dalla tasca dei jeans una busta piegata in due e me l'ha consegnata furtivamente.

– Quando pensi di dargliela? – mi ha chiesto.

– Quando saliremo sul tram per tornare a casa. Ti avverto che Ottilia se ne accorgerà. Posso spiegarle di cosa si tratta?

– Certo, siete così amiche che saprà mantenere il silenzio.

Appena rientrate in classe, Ottilia mi ha chiesto: – Di cosa voleva parlarti Roberta?

– Mi ha dato una lettera per Amir.

– Sul serio?

– Sul serio. Acqua in bocca, Otti, mi raccomando.

– Voglio vedere come reagisce quando gliela consegni. Certo che Roberta ha avuto un gran coraggio, deve essersi presa una bella cotta per lui se ha deciso di scrivergli.

Ho aspettato di salire sul tram prima di consegnare la busta ad Amir.

– Devo darti una cosa – gli ho detto, porgendogliela.

– Cos'è?

– È una lettera che ti ha scritto Roberta. Non se l'è sentita di consegnartela di persona e ha incaricato me di dartela.

Lui l'ha presa e l'ha messa nello zaino, senza dire una parola.

– È tua amica? – mi ha chiesto poi.

– Non proprio. Fino al tuo arrivo in classe, ci scambiavamo solo poche parole. A volte si comportava in modo irritante, ma adesso è cambiata. Avrai notato che cerca sempre qualche occasione per parlarti. È una brava ragazza e credo che tu le stia simpatico. Questa cosa ti disturba?

– No.

– Voglio essere sincera: Roberta teme che dopo aver letto questa lettera tu divenga più scostante con lei.

– Ha scritto delle cose offensive nei miei riguardi?

– Naturalmente no, ma teme che tu possa allontanarti per questa sua iniziativa.

– Mio padre ha sempre rispettato mia madre ed entrambi mi hanno insegnato a rispettare le ragazze.

– Lo immaginavo. Quando tornerai da Sebastiano?

– Mi ha telefonato per anticipare la lezione a domani pomeriggio.

– Possiamo venire di nuovo con te?

– Certo.

– Secondo me arriverà presto il giorno in cui potrai suonare il piano in pubblico. Sei molto giovane e verrebbero in tanti ad ascoltarti – ha osservato Ottilia.

Abbiamo salutato Amir alla sua fermata e siamo scese alla successiva.

– Ti vedo pensierosa, Vale – mi ha detto Ottilia.

– Sì, mi ha sorpresa la reazione di Amir alla consegna della lettera di Roberta. Si può dire che non abbia battuto ciglio e che non fosse neanche meravigliato.

– Pensi che anche lui provi dell'interesse, diciamo così, nei suoi confronti?

– Lo capiremo meglio nei prossimi giorni. Se

Amir dovesse rispondere alla sua lettera, Roberta vorrà sicuramente parlarmene.

– Ti stai trasformando in un messaggero d'amore, Valentina.

– Penso che anche per Amir possa essere una bella esperienza. Poi stavo riflettendo anche su un'altra cosa...

– Dimmi tutto.

– Hai notato che a scuola io, tu, Nico e Jenny siamo gli unici a parlare con Amir? Nessun altro lo cerca, a parte Roberta. Eppure avrebbero tante ragioni per apprezzarlo, a cominciare dal coraggio che ha dimostrato fuggendo dalla guerra. Oltretutto è anche un ottimo pianista, e non tutti possono sfoggiare questa dote alla sua età. Adesso, forse, lo considerano solo un semplice profugo venuto a chiedere aiuto insieme alla sua famiglia. Invece, se avesse l'occasione di suonare il piano in pubblico, molti cambierebbero idea su di lui.

– A cosa stai pensando di preciso, Valentina?

– Amir potrebbe suonare per i nostri compagni e le loro famiglie i pezzi più belli che conosce, con il piano della scuola. Potremmo spostarlo nella sala delle conferenze, dove possono essere accolte comodamente molte persone.

– Non starai parlando sul serio.

– Perché no, Otti? Se Amir fosse d'accordo e se la preside ci desse il permesso, la cosa si potrebbe fare. Sono sicura che anche Mario appoggerebbe questa iniziativa.

– Pensi davvero che i nostri compagni verrebbero ad ascoltarlo?

– L'invito potrebbe essere esteso anche alle altre classi e sono certa che il pubblico non mancherebbe, non fosse altro che per la curiosità che susciterebbe l'evento. Ovviamente sarebbero presenti la famiglia di Amir, gli amici di suo padre, i nostri genitori e amici. Ti sembra un'idea irrealizzabile?

– Forse no, ma bisognerebbe che Amir accettasse di esibirsi in pubblico.

– Gliene parleremo alla fine della prossima lezione dal maestro Sebastiano. Spero tanto che sia d'accordo.

16
Il notturno di Chopin

APPENA MI HA VISTA arrivare a scuola stamattina, Roberta mi ha chiesto: – E Amir?

– Non c'era alla solita fermata, forse arriva più tardi.

– Gli hai dato la mia lettera? Come ha reagito?

– L'ha presa subito senza imbarazzo. Ora stiamo a vedere come si comporterà con te.

All'inizio della seconda ora Amir è entrato in classe.

– Ieri sera sono venuti a trovarci gli amici di mio padre – mi ha detto. – Erano curiosi di vedere con i loro occhi i progressi che sta facendo Adila. Le hanno portato altre bambole e dolci e si sono trattenuti fino a tardi, perciò stamattina non ho sentito la sveglia.

Poi si è voltato verso Roberta e ha accennato un sorriso.

Gli occhi di lei si sono illuminati ed è riuscita a stento a balbettare un saluto.

Più tardi, durante l'intervallo, Amir ha trattenuto in classe me, Ottilia, Nico e Jenny. Subito dopo ha invitato anche Roberta a restare, poi ha aperto lo zaino e ha tirato fuori un sacchetto di carta.

– Qui dentro ci sono dei dolci che ha fatto mia madre – ci ha detto. – Si chiamano *maamoul*. Sono dei biscotti ripieni di datteri e pistacchi, a cui mia mamma ha aggiunto delle noci. I musulmani li mangiano la sera durante il *Ramadan*. Ce n'è un paio a testa, spero che vi piacciano.

Non ci siamo fatti ripetere l'invito e abbiamo cominciato subito a mangiarli.

– Che buoni! – ha esclamato Ottilia dopo il primo morso.

– Sono molto delicati e raffinati – ha osservato Nico, da intenditore.

Roberta era troppo emozionata per parlare e guardava di sottecchi Amir.

A un tratto il biscotto che stava mangiando le è sfuggito di mano ed è caduto a terra.

– Che sbadata – ha mormorato, ed è arrossita.

– Non importa, ti do uno dei miei – si è affrettato a dirle Amir.

Roberta ha preso il biscotto che lui le offriva e le loro mani si sono sfiorate per un momento.

Ottilia mi ha fatto l'occhiolino.

Quando siamo rimaste sole, mi ha chiesto: – Stai pensando la stessa cosa che sto pensando io?

– Che cosa vuoi dire, Otti?

– Che Amir ha chiesto alla madre di preparare questi biscotti per farli assaggiare prima di tutto a Roberta.

– Ora che me lo fai notare, penso che tu abbia indovinato.

– Hai visto che si sono sfiorati le mani? Forse Roberta ha fatto cadere apposta il suo biscotto.

– Magari stiamo correndo troppo con l'immaginazione, Otti.

All'uscita, Roberta mi ha mormorato all'orecchio: – Grazie, Valentina.

Alle quattro eravamo da Sebastiano.

L'anziano maestro ha messo una mano sulla

spalla di Amir e gli ha chiesto: – Ti piacerebbe avere un piano come questo?

– Forse un giorno lo avrò.

– Presto non sarò più in grado di suonarlo, perciò vorrei regalartelo. Poi, però, mi inviterai a casa tua per ascoltarti mentre ti eserciti.

– Preferisco che il piano resti da lei. Verrò a suonarlo qui.

– Lascia che sia io a decidere. Voglio che sia tu ad avere questo piano.

A queste parole Amir si è commosso.

Sebastiano però si è fregato le mani e con voce allegra gli ha chiesto: – Che cosa vorresti suonare oggi?

– Vorrei provare a suonare il *Notturno numero 2* di Chopin.

– Meraviglioso. Siamo pronti ad ascoltarti.

Amir ha preso posto sullo sgabello, ha raddrizzato la schiena e ha cominciato a suonare, trasportandomi in un mondo fatto di sogni e di ricordi.

– Questo piano deve essere tuo. Siete fatti l'uno per l'altro – ha detto il maestro, al termine del brano.

Prima di andar via Amir ha suonato un pezzo di Mozart, vivace come la voce di un bambino allegro.

Allora ho detto: – Secondo me la musica sa rappresentare più di ogni altra arte tutte le emozioni che si possono provare nella vita.

– È così – mi ha confermato Sebastiano. – Ogni artista, anche il più infelice, quando crea un'opera, esalta la vita.

Oggi ho invitato Amir a casa mia.

– Voglio conoscerlo – mi ha detto mia madre.

Quando ha bussato alla porta, è stata lei ad aprirgli.

Anche Bruno gli è andato incontro e Amir, dopo aver esitato un istante, lo ha preso in braccio.

– Si fa coccolare da tutti – gli ha detto mia madre. – Non c'è bambino più affettuoso di lui.

Amir ha posato a terra Bruno e tutti insieme siamo andati in cucina, per assaggiare una fetta della crostata appena sfornata.

– Valentina mi ha parlato dei biscotti speciali che sa fare tua mamma. Mi piacerebbe avere la ricetta.

– Gliela chiederò.

– Mia figlia è anche entusiasta della tua bravura nel suonare il piano. Sarebbe bello sentirti suonare prima o poi.

A quel punto sono intervenuta io, dicendo: – Non è così impossibile, mamma.

– Che cosa vuoi dire?

– Prima devo parlarne con Amir. Andiamo nella mia camera?

Irene era a casa di Gianni e Luca era andato alla società sportiva con mio padre.

Amir è entrato nella mia stanza e si è guardato intorno.

– Ad Aleppo avevo una libreria simile alla tua... – mi ha detto.

– Ti manca molto la tua città, vero?

– Non l'avrei mai lasciata, se non fosse scoppiata la guerra.

– Adesso però devi pensare al presente. Mia madre ci terrebbe davvero a sentirti suonare il piano… Hai mai considerato l'idea di esibirti in pubblico?

– No, io suono soltanto per me.

– Quando vengo con Ottilia da Sebastiano, suoni anche per noi, e penso che ti dia gioia sapere che gli altri ti ascoltino con tanto piacere. Se sei d'accordo, vorrei organizzare insieme con te una esibizione a cui partecipi tanta gente.

– È una cosa irrealizzabile.

– Io invece penso che sia possibile. Cosa ne pensi del piano che c'è a scuola?

– È ottimo, ed è anche ben accordato.

– Perfetto, io credo che se chiedessimo alla preside di organizzare un concerto, lei lo permetterebbe.

– A chi potrebbe interessare una cosa del genere?

– Ai nostri compagni, per cominciare, ai loro genitori, ai nostri amici…

– Non mi va di farlo, non ho bisogno dell'apprezzamento di nessuno.

– Certo che no, ma bisogna che si sappia che la scuola è orgogliosa di averti come alunno. La preside è una donna straordinaria, che incoraggia i ragazzi a pensare sempre a nuovi progetti. Sono sicura che sarebbe felice di organizzare un'esibizione che veda come protagonista uno dei suoi allievi.

– Non me la sento, Valentina.

– Tu non sei solo un dilettante, Amir. Io non mi intendo molto di musica, però quando ti sento suonare il piano mi commuovo sempre. Vorrà pur dire qualcosa, no? Comunque, prima di chiedere l'autorizzazione alla preside, vorrei parlarne con Mario.

– Voglio rifletterci.

– D'accordo, ma pensaci seriamente, mi raccomando. Parlane anche con tuo padre e con Sebastiano. Anzi, è proprio con lui che potresti preparare una serie di brani da eseguire. Sono sicura che verrebbe ad ascoltarti con immenso piacere. Inoltre, pensa a come sarebbe orgoglioso il tuo vecchio maestro Franz, anche se purtroppo non potrebbe essere presente. Potresti dedicare a lui il tuo concerto.

A queste parole, Amir è rimasto silenzioso per qualche minuto. Senza volerlo, credo di avere toccato un tasto molto sensibile. Il ricordo del suo maestro in Siria deve commuoverlo ancora molto.

– Allora, non pensi sia una buona idea? – gli ho domandato nuovamente.

– Voglio pensarci, Vale – mi ha ripetuto, con lo sguardo basso.

17
Amir ha deciso

– PENSO DI AVERE quasi convinto Amir a suonare il piano in pubblico – ho detto a Ottilia.

Oggi, mentre andavamo a scuola, ne ho avuto la conferma.

– Sebastiano pensa che sarebbe un'occasione da non perdere – ci ha detto Amir. – Anche mio padre è d'accordo.

– Allora possiamo subito attivarci! – ho detto. – Il primo a cui possiamo chiedere aiuto è Mario.

Stamattina io e Ottilia l'abbiamo fermato quando è uscito dall'aula per andare in sala insegnanti.

– Prof, possiamo parlarle cinque minuti?

– Ma certo. Di che si tratta?

Gli ho illustrato rapidamente la mia idea e la sua risposta è stata positiva: – Sarebbe una bella opportunità per la scuola, e sono certo che la preside la coglierà al volo. Gliene parlo appena possibile e vi faccio sapere.

I rapporti tra Roberta e Amir sono cambiati molto. Ora discutono di scuola e di compiti e credo che Amir abbia cominciato a raccontare anche a lei alcune cose a proposito della guerra e della sua vita in Siria.

Le altre ragazze li guardano con un po' di curiosità, ma Roberta è troppo contenta per badare alle battute con cui la stuzzicano.

– Come hai fatto a conquistarlo?

– Uscite già insieme?

– A forza di dargli caramelle...

Oggi le ho detto: – Fai bene a non rispondere alle provocazioni.

– Ci vuole ben altro per farmi arrabbiare, Valentina.

– Amir ti ha parlato del concerto che si terrà nella nostra scuola?

– No, non mi ha raccontato nulla.

– Probabilmente prima vuole essere sicuro che la proposta venga accolta dalla preside. Amir suona il piano in modo straordinario e vorrei che anche altri potessero avere l'occasione di ascoltarlo.

Quando le ho spiegato che ho assistito alle sue esercitazioni a casa di Sebastiano, Roberta mi ha chiesto: – Posso venire anch'io qualche volta?

– Chiediglielo tu stessa, ormai siete in buoni rapporti, mi sembra.

– Parliamo di molte cose. O meglio, lascio parlare lui: io mi limito per lo più ad ascoltarlo. Sento che, rispetto a me, ha più bisogno di sfogarsi e di confidarsi.

– Nessuno di noi può paragonare la sua vita a quella di Amir.

Oggi Mario ha preso da parte me, Ottilia e Amir e ci ha detto: – La preside vorrebbe parlarvi, ma non in orario di lezioni. Potete venire a scuola domani pomeriggio verso le quattro? Ci sarò anch'io.

Andava bene per tutti, perciò abbiamo risposto positivamente.

– Allora a domani, ragazzi.

La preside ci ha accolti nel suo ufficio con grande cordialità.

– Il professor Mario mi ha parlato della vostra proposta, e io sono subito stata d'accordo. Penso che sarebbe un bel modo di valorizzare la nostra scuola nel quartiere. Riguardo a un possibile giorno, io suggerirei un sabato pomeriggio. Gli adulti non lavorano e sono più liberi di prendere qualche impegno.

– Amir, quando pensi di essere pronto? – ha chiesto Mario.

– Devo parlarne con il maestro Sebastiano – ha risposto lui.

– Avvisaci almeno quindici giorni prima – ha

detto la preside – di modo che si possa pubblicizzare l'evento con un po' di anticipo. Posso chiederti un favore, Amir? Suoneresti qualcosa per me prima di andar via?

Quando siamo entrati in biblioteca, ho avuto un tuffo al cuore: tutto era cominciato proprio lì.

Amir è andato a prendere posto davanti al piano, mentre noi ci siamo seduti poco lontano.

– Suonerò *Per Elisa* di Beethoven – ci ha detto a bassa voce.

Finora non l'aveva mai suonata a casa di Sebastiano, ma doveva essere uno dei suoi brani preferiti, perché l'ha eseguito con tanto trasporto che la preside, a un certo punto, ha chiuso gli occhi.

Quando Amir si è alzato dallo sgabello, gli ha posato una mano sul braccio e gli ha detto: – Grazie, era tanto tempo che non l'ascoltavo e non ricordavo che fosse così bella. Fammi sapere quando sei pronto per il concerto.

Mario è uscito dalla scuola con noi e ha detto ad Amir: – Ci hai portato una grande sorpresa dalla Siria. Arrivederci, ragazzi.

Sull'autobus ho detto al mio amico: – Tuo padre dev'essere fiero di te.

– Se non fosse stato per lui, non avrei mai incontrato il maestro Franz.

– E se tu non avessi ceduto alla tentazione di suonare il piano nella biblioteca della scuola, io non avrei mai scoperto il tuo talento.

Quante coincidenze nella vita!

Quando ho salutato Ottilia, le ho detto: – È una bella serata, non trovi? Sembra quasi un anticipo di primavera.

Sono salita in casa e ho esclamato, guardando mia madre: – Magari tutte le giornate potessero concludersi così!

– Com'è andata con la preside?

– Proprio come speravo.

Quando ho terminato di aggiornarla, le ho detto: – Vado a telefonare a zia Elsa. Vorrei che venisse anche lei ad ascoltare Amir.

– Conta pure sulla mia presenza – mi ha detto la zia. – Posso fare qualcosa per questo ragazzo? Magari potrei confezionargli uno smoking. Non è quello che indossano i pianisti?

– Nessuno smoking, zia. Sarà una serata all'insegna della semplicità e della sobrietà, Amir ha solo bisogno del calore della nostra compagnia. Se la serata dovesse avere successo, sarebbe una vera festa di benvenuto per lui e per la sua famiglia.

– Semplicità e sobrietà quanto vuoi, io mi presenterò ugualmente con il mio vestito più elegante. Vuoi che ne confezioni uno anche per te?

– Sì, ma non lo indosserò quella sera, perché non voglio attirare troppo l'attenzione.

– E quando pensi di metterlo?

– La sera in cui andremo a teatro insieme. Sono mesi che ci pensiamo.

– Appena programmano uno spettacolo che ci interessa, ci presentiamo al botteghino tutte agghindate.

– Non vedo l'ora, zia. Intanto, ti terrò aggiornata sul concerto di Amir.

18
Si prepara il concerto

IN QUESTI GIORNI AMIR si accinge a preparare con Sebastiano la scaletta dei brani che dovrà eseguire durante la serata del concerto.

Oggi Sebastiano ha detto a me e a Ottilia: – Vi offendete se vi chiedo di non partecipare più alle nostre lezioni?

– Per niente, non vogliamo disturbare il vostro lavoro – gli ho risposto.

– Non disturbate affatto, ma non voglio che conosciate in anticipo i brani che prepareremo. Dev'essere una sorpresa per tutti.

– D'accordo.

Abbiamo lasciato Amir solo con Sebastiano e siamo andate via.

– Sei seccata? – ho chiesto a Ottilia, vedendola un po' indispettita.

– Mi stavo abituando ad ascoltare il nostro amico che suonava, è molto rilassante. Mi spiace dover andare via.

– È lo stesso per me, ma Sebastiano sta prendendo sul serio la presentazione pubblica del suo allievo.

– E ha ragione, perché credo che verrà molta gente al concerto. Quando si tratta di bambini e di ragazzi prodigio, i giornali ne parlano sempre. Non sarebbe male riuscire a far pubblicare un articoletto sulla *Stampa*, sia pure nelle pagine di cronaca.

– Non conosco nessuna giornalista, a parte Stefi, che però al momento si trova in America latina e non può aiutarci.

Oggi abbiamo scoperto che il prof di lettere ha avuto la nostra stessa idea.

– Conosco una giovane giornalista che lavora alla *Stampa* e si occupa di cronaca – ci ha detto. – Le chiederò di scrivere un breve articolo su Amir.

Roberta è raggiante. Quando gliene abbiamo

parlato, ci ha detto che inviterà molti amici di famiglia.

– Perché non lo diciamo anche agli altri compagni? – ci ha chiesto.

– Aspettiamo che la data dell'appuntamento sia definita – le ho risposto. – Amir vuole che lo scoprano dalla locandina che la preside attaccherà all'ingresso della scuola.

– Spero che non si emozioni troppo. Al suo posto, io tremerei di paura.

– Roberta, bisogna incoraggiarlo, non dobbiamo renderlo insicuro. Sono certa che sarà una serata indimenticabile.

– Speriamo, perché ci tengo che faccia una bella figura con tutti.

Avrei voluto chiedere a Roberta se c'erano sviluppi nei suoi rapporti con Amir, ma mi sono trattenuta per non essere troppo invadente.

Il concerto si terrà il giorno 21 marzo, inizio della primavera.

Per questa data Sebastiano e Amir saranno pronti a mostrare al pubblico i frutti del loro impegno.

– Le locandine saranno pronte nei prossimi giorni – ci ha detto oggi Mario, al termine della lezione. – Verrà anche la giornalista della quale vi ho parlato. Mi ha detto che il caporedattore le ha concesso due colonne di spazio per raccontare l'evento. Il giornale è interessato anche alla vicenda personale di Amir, per mostrare una storia di integrazione riuscita con successo. Ho chiesto però alla giornalista di essere discreta, quindi spero che faccia una cronaca seria e accurata. C'è bisogno anche di buone notizie sui giornali, per far capire che basta poco per fare qualcosa di bello per gli altri.

Quando Mario ci ha fatto leggere il testo della locandina, non c'è stato nulla da modificare.

– È perfetta, prof.

Amir era definito semplicemente dal suo nome, non si accennava nulla riguardo alla sua nazionalità, né lo si presentava come ragazzo prodigio.

Ho visto che il nostro amico ne era davvero soddisfatto.

– Non puoi anticiparci nulla del programma

che hai preparato con Sebastiano? – gli ho chiesto.

– Tra i pezzi che abbiamo scelto ce n'è uno composto da lui per l'ultimo compleanno della moglie. L'ho provato diverse volte, e lo suonerò mettendoci il cuore.

Stamattina, arrivati a scuola, tutti hanno adocchiato le locandine affisse sulle vetrate dell'ingresso e molti si sono fermati a leggerle.

– Chi è? Qualcuno lo conosce?

– Frequenta la terza A.

– È quel siriano arrivato dopo le vacanze di Natale.

– Da dove salta fuori questa abilità nel suonare il piano?

– Io non ho tempo di andare a sentirlo.

– Mi incuriosisce, penso che verrò. Abito a due passi e sabato non ho niente in programma.

Roberta si è indispettita ascoltando alcune di queste osservazioni.

– Non sanno di cosa parlano – mi ha detto. – Scommetto che la maggior parte di loro non ha mai visto un piano in vita sua.

– Non preoccuparti, secondo me verranno in tanti.

Un paio di locandine sono state attaccate anche al cancello esterno della scuola, ben visibili ai genitori e agli abitanti del quartiere.

Quando Amir è entrato in classe, alcuni dei nostri compagni lo hanno investito di domande e osservazioni poco gentili.

– Sei davvero bravo come è scritto?

– Sei stato un bambino prodigio?

– Io vengo, ma se è una lagna me ne vado.

– Spero che non comincerai a vantarti.

Fortunatamente l'arrivo del professor Mario ha messo a fine a quel diluvio di domande e ha evitato ad Amir l'imbarazzo di rispondere.

19
Applausi per Amir

DOMANI SARÀ il gran giorno.

Amir ha voluto anticiparci quali sono gli autori che fanno parte del repertorio preparato con Sebastiano.

Oltre a Beethoven, Chopin e Mozart, suonerà anche brani di Schumann, Liszt e Debussy.

– Ti senti pronto? – gli ho chiesto.

– Sì, ho lavorato duramente con Sebastiano, e spero che vada tutto bene. Sono un po' in ansia.

– Non ti disturberà nessuno mentre suoni. Ci saranno soltanto persone interessate ad ascoltarti.

– Forse è meglio che tu domani non venga a scuola – gli ha suggerito Ottilia. – Potresti andare da Sebastiano, che sicuramente riuscirebbe a tranquillizzarti.

– Gli sono molto grato per il tempo che mi sta dedicando. Mi sta dando dei suggerimenti preziosi, e lo fa con la pazienza e l'affetto che aveva Franz. Come vorrei che anche il mio vecchio maestro potesse partecipare a questa serata così importante per me!

A queste parole, gli occhi di Ottilia si sono illuminati.

– Potremmo registrare il concerto su un Cd e mandarglielo per posta, ad Aleppo. Pensi che gli arriverebbe?

– Immagino di sì.

– Franz sarebbe felicissimo di ascoltarti, sarebbe una grande soddisfazione per lui sapere che non hai smesso di esercitarti e di imparare.

– Hai ragione. Comunque, ieri sera mi è arrivata una bella notizia. I miei nonni ci hanno fatto sapere che sono disposti a lasciare la Siria per raggiungerci in Italia.

– Come pensate di aiutarli ad arrivare?

– Mio padre ha cominciato a parlarne con i

suoi amici. Bisogna vedere se è possibile ottenere un visto, perché possano partire con l'aereo. Se riuscissimo a riunire tutta la famiglia, non ci mancherebbe nient'altro per essere davvero felici.

Zia Elsa mi ha confezionato uno splendido vestito, ma le ho ripetuto che non l'avrei indossato in occasione del concerto di Amir.

– Vedrai che gli altri non si faranno scrupoli a sfoggiare qualche capo elegante, nipotina.

Al concerto verrà anche Tazio insieme ai suoi genitori.

Oggi mi ha chiamata al telefono e mi ha detto, offeso: – Negli ultimi tempi sei stata più con Amir che con me.

– Ti senti trascurato?

– Tu che ne pensi?

– Hai ragione, dopo il concerto che si terrà domani organizziamo qualcosa da fare insieme, te lo prometto.

Jenny ha deciso che verrà con i suoi genitori.

L'accesso a scuola per chi si muove su una

sedia a rotelle è facilitato da una comoda rampa, così la madre di Jenny potrà assistere al concerto senza problemi.

– Come procede la gravidanza? – ho chiesto alla mia amica.

– Il medico è soddisfatto e mio padre segue mia madre con amore.

– Come vedi, sta mantenendo la parola: non è tornato a casa per sua comodità, ma perché le vuole davvero bene.

– All'inizio non ci credevo. Per questo non volevo che tornasse con noi dopo averci lasciate sole per tanto tempo.

– L'importante è che adesso siate tutti più sereni. La nascita di questo bambino contribuirà sicuramente a farvi sentire più uniti.

– Mia madre ha deciso di fare l'ecografia, e abbiamo scoperto che sarà una femmina.

– Avrai una sorellina, allora!

– Sì! Stiamo già pensando a come chiamarla.

Il concerto era fissato per le cinque.

– È un buon orario, secondo te? – ho chiesto a

Ottilia. – Forse dopo cena sarebbe stato meglio.

– Inutile romperci la testa con i se. Chi è davvero interessato, verrà.

I genitori di Amir non hanno l'auto, quindi i loro amici si sono offerti di accompagnarli insieme a Sebastiano.

Io e la mia famiglia siamo arrivati a scuola mezz'ora prima, con Ottilia.

Il portone era aperto, ma il piazzale davanti era ancora vuoto.

– Non c'è nessuno, Otti. Non è un buon segno – le ho detto, un po' agitata.

– Valentina, non cominciare a fare la pessimista, non è da te. Perché la gente dovrebbe arrivare prima?

– Hai ragione, sono solo un po' nervosa.

Prima di entrare a scuola, abbiamo atteso l'arrivo di Amir.

Quando sono scesi dall'auto, sono corsa a salutare Sebastiano per accoglierlo nella nostra scuola. Ad Amir, invece, ho mormorato: – Andrà tutto bene.

Nel giro di dieci minuti sono arrivati Jenny, Tazio e Nico insieme alle loro famiglie.

Ottilia era crucciata.

– Mio padre ha detto che sarebbe arrivato in tempo con mia madre – ha borbottato. – Se non viene, stasera mi sente.

Come promesso, poco dopo sono arrivati anche loro.

– E i nostri compagni? – mi ha chiesto Ottilia. – Possibile che non ne venga nemmeno uno? Che delusione.

Roberta è arrivata trafelata con i suoi.

– Siamo rimasti bloccati nel traffico – si è scusata con Amir.

Lui le ha sorriso. Pensavo che sarebbe stato più nervoso, invece i lineamenti del suo viso non tradivano alcuna ansia.

Poi si è allontanato con Sebastiano e si sono messi a parlare fitto fitto.

Mario si è affacciato in strada dal portone della scuola.

– Ben arrivati a tutti – ha detto. – Direi che possiamo accomodarci. Prego, vi faccio strada.

– Ci sono anche gli altri professori? – gli ho chiesto.

– Certo, ci sono tutti.

In quel momento sono arrivati anche il maestro e Giulietta.

Nella sala, che è molto grande, gli operatori avevano sistemato almeno un centinaio di sedie.

Il piano troneggiava al centro e mi sembrava uno scrigno, di cui solo Amir possedeva le chiavi, e che nascondeva musiche meravigliose.

Stavamo per prendere posto, quando nella sala si sono rovesciate decine di persone vestite a festa, precedute dai nostri compagni di classe e da un buon numero di quelli delle altre terze.

Hanno occupato tutti i posti disponibili, addirittura alcuni sono rimasti in piedi.

– Faccio portare subito altre sedie – ha detto Mario.

Quando tutti si sono accomodati e si è fatto silenzio, la preside ha preso la parola.

– Vi ringrazio per essere venuti così numerosi. È un'occasione molto importante e sono contenta che non ve la siate lasciata sfuggire.

Più volte ho avuto occasione di dirvi che questo è un luogo dove i ragazzi e le ragazze non vengono solo per imparare, ma anche per scoprire le doti che possiedono e quello che possono offrire agli altri.

Quando questo accade, la scuola diventa più ricca. Stasera è proprio uno dei nostri allievi che ci farà partecipi di un dono prezioso: quello della musica. Amir lo ha portato da lontano come un simbolo di pace, lo ha coltivato con amore nella sua infanzia e negli anni della sua formazione. Gli ultimi tempi nel suo paese di origine non sono stati facili. Averlo qui oggi è sia un conforto per lui, che un esempio per noi, che spesso non sappiamo come mettere a disposizione degli altri la parte migliore di noi stessi. Auguro un buon ascolto a tutti. Prego, Amir, ora puoi cominciare.

Il mio amico si è avvicinato al piano dopo l'abbraccio di Sebastiano e dopo aver lanciato un'occhiata affettuosa alla sorella Adila.

Prima di sedersi, ha fatto un lieve inchino al pubblico.

Nessuno parlava, nessuno

si muoveva sulla sedia, tutti erano in attesa che le prime note si diffondessero nella sala.

Amir ha cominciato con il *Al chiaro di Luna* di Beethoven. Alla conclusione dell'esecuzione è scoppiato un lungo applauso spontaneo.

Prima di ogni nuovo pezzo, Sebastiano ricordava al pubblico chi ne era l'autore e il titolo.

Sono volate così quasi due ore, senza che nessuno si accorgesse del tempo che passava.

Io ascoltavo Amir, ma ogni tanto mi voltavo per guardare anche le espressioni degli altri spettatori. Ho visto l'orgoglio negli occhi di suo padre, l'affetto in quelli della madre, la tenerezza in quelli di Adila, e la serietà composta in quelli di Sebastiano.

A un certo punto mi sono accorta che Mario si era messo in prima fila, per registrare con un apparecchio portatile tutte le esecuzioni di Amir. Gli avevamo parlato del maestro Franz e ci aveva promesso che gli avrebbe fatto avere un Cd del concerto tramite l'aiuto della scuola e delle autorità italiane.

Alla fine tutti hanno voluto fare i complimenti al giovane pianista, e soprattutto quelli che non lo conoscevano erano impazienti di stringergli la mano.

Io mi sono tenuta in disparte con Ottilia.

Zia Elsa è venuta ad abbracciarmi e mi ha

detto: – Grazie per l'invito e per avermi fatto conoscere questo ragazzo. La sua musica mi ha fatta emozionare.

– Io e mia moglie vi siamo veramente grati per quanto avete fatto per nostro figlio – ci hanno ringraziato i genitori di Amir.

– L'abilità nel suonare il piano, però, è solo merito suo.

– È vero, ma siete stati voi e il signor Sebastiano a valorizzare le sue doti in un momento così difficile della sua vita.

La preside è venuta a complimentarsi con i genitori del mio amico e si è trattenuta a lungo con loro.

Poco dopo, la gente ha cominciato ad andar via e la sala si è pian piano svuotata.

Ho lasciato che Amir parlasse un po' con Sebastiano, poi siamo andate anche io e Ottilia a fargli i nostri complimenti.

– Siamo contente che sia andato tutto bene – gli ho detto.

Non ho potuto aggiungere nient'altro, perché Mario si è avvicinato a noi accompagnato da una giovane donna.

– È la giornalista della quale vi ho parlato – ci ha detto – e vorrebbe fare alcune domande ad Amir.

Il mio amico si è allontanato con la donna, e noi siamo rimaste da sole con Sebastiano.

– Soddisfatto? – gli ho chiesto.

– È stata una delle serate più belle della mia vita. Credevo che non avrei più vissuto nulla del genere, invece Amir ha saputo regalarmi delle emozioni davvero speciali.

Prima di addormentarmi, ho fatto una specie di riepilogo di tutte le cose più importanti che mi sono accadute negli ultimi anni, e ho provato a immaginare quelle che potrebbero capitarmi in futuro.

Nonostante non sappia che cosa mi riservi la vita, non avrò mai paura di viverla, proprio come Amir finora non ha avuto paura di vivere la sua.

Non importa se riuscirò a realizzare il sogno di diventare una scrittrice. In fondo, quello che desidero di più è di restare vicina alle persone che amo, e so che loro non mi abbandonerebbero mai.

20
Ragazzi di pace

IERI SERA, AL MOMENTO di salutarci, abbiamo deciso che oggi avremmo fatto una gita sulla collina di Superga, per mostrare ad Amir Torino dall'alto.

Prima di fare la mia proposta, ho detto a Ottilia: – Vorrei invitare anche Roberta a venire con noi. Sei d'accordo?

– Ma certo, Vale. Oltre a far contenta lei, probabilmente facciamo un piacere anche ad Amir. Mi sembra che stia nascendo qualcosa tra loro.

Stamattina, alle nove e trenta, ci siamo trovati tutti in piazza Castello per raggiungere la stazione di Sassi e di lì prendere la tranvia a cremagliera per salire a Superga.

Durante tutto il percorso, abbiamo continuato a fare i complimenti ad Amir per l'esibizione della sera precedente.

Io avevo comprato una copia del quotidiano *La Stampa* e ho letto ad alta voce il breve, ma denso articolo che la giornalista aveva scritto a proposito del concerto.

Ho chiesto ad Amir: – Ti ritrovi in quello che ha scritto?

– Non si è inventata nulla – mi ha risposto.

– Meglio così. Il giornalismo è una professione seria, come dice Stefi.

– Ti conviene iscriverti al Conservatorio di Torino – ha detto Nico ad Amir. – È molto prestigioso e può essere un passo importante per completare la tua formazione e farti conoscere dalla gente.

– Non ho ancora le idee precise su cosa vorrei fare in futuro.

– Hai tanto tempo per pensarci – l'ho rassicurato io.

Alla stazione di Sassi siamo andati a fare i biglietti e abbiamo preso la tranvia.

Mentre il trenino, come l'ho sempre chiamato io, si avvicinava, ho detto ad Amir: – Io ci sono salita più volte. Quando ero piccola con mio padre, e durante la scuola con il maestro e i miei compagni. Quando eri in Siria, vedevi le partite di calcio in televisione?

– Sì, spesso.

– Conoscevi anche le squadre italiane?

– Alcune. Mio padre mi ha parlato recentemente della squadra del Torino che si schiantò con l'aereo proprio sulla collina di Superga mentre tornava da Lisbona.

– Vedo che sei bene informato. Saprai anche che lì c'è il *Museo del Grande Torino*. L'ho visitato una volta con il maestro. Ti piacerebbe vederlo?

– Ci terrei molto.

– Allora faremo una puntata anche in questo luogo importante per molti torinesi.

Quando il trenino si è fermato, abbiamo dato i biglietti al controllore e siamo andati a sederci sui sedili di legno. Ottilia ha ammiccato a Roberta, che ha chiesto ad Amir: – Ci sediamo là in fondo? Io conosco bene questi luoghi perché ci abitano i miei nonni. Posso spiegarti molte cose su questa zona di Torino.

Lui ha annuito e Ottilia mi ha bisbigliato: – Mai saputo che i nonni di Roberta abitassero da queste parti. Sarà vero?

– Bisogna sempre credere alle parole degli altri, Otti.

– Anche quando dicono delle bugie a fin di bene?

Ho riso e ho stretto la mano a Tazio.

Al termine del percorso siamo scesi dalla tranvia e abbiamo fatto a piedi la breve salita che porta al grande spiazzo davanti alla basilica.

– Andiamo prima al museo? – ho proposto.

Un uomo ci ha fatto da guida, anche se noi torinesi avremmo potuto farne a meno, perché ricordavamo a memoria tutto quanto avevamo visto qualche anno prima durante la visita.

Amir, invece, ha seguito con interesse le spiegazioni, come un tifoso a cui sta a cuore il destino della propria squadra.

In quel momento Beethoven, Chopin e gli altri musicisti erano in un'altra parte del suo cuore. Amir era un ragazzo con interessi comuni a tutti quelli della sua età e nessuno avrebbe immaginato quanta forza, quanta intensità di sentimenti racchiudesse dentro di sé, e quanto dolore l'avesse segnato.

Usciti dal museo, siamo andati ad affacciarci dalla terrazza dalla quale si gode una visione magnifica della mia città.

Era una giornata di sole, l'aria era tersa e si potevano scorgere nitidamente i profili delle montagne che circondano Torino.

Mentre tutti indicavano ad Amir i vari quartieri della città, la Mole Antonelliana, piazza Castello e così via, li ho guardati a uno a uno. Erano miei amici, ragazzi che come me coltivavano sogni e desideri, e ho sperato che nessuno di loro un giorno venisse costretto a guardare l'altro come un avversario o un nemico da combattere.

Indice

CHI È ANGELO PETROSINO?

Care lettrici e cari lettori, ho pensato di parlarvi di me perché mi chiedete sempre di farlo quando vi incontro nelle scuole o nelle biblioteche. Sono sempre stato un bambino vivace e curioso. Non stavo mai in casa e mi arrampicavo sugli alberi, per guardare il mondo dall'alto. Era facile, perché abitavo in campagna. Poi un giorno ho lasciato il mio paese perché mio padre aveva trovato lavoro in Francia. Avevo dieci anni. Ho vissuto esperienze indimenticabili prima in Auvergne poi a Parigi. Tornato in Italia, ho dovuto imparare di nuovo l'italiano. Per questo oggi la lingua italiana è per me il patrimonio più prezioso: di ogni parola amo il suono, il significato, le immagini che evoca. Non pensavo che un giorno mi sarei trovato a insegnarla. All'inizio infatti ho studiato da perito chimico. Poi un giorno mi sono affacciato a un'aula di scuola elementare. Ero imbarazzato. «Come ci si comporta con i bambini?»

Angelo a dieci anni, in Auvergne

Angelo Petrosino

mi sono chiesto. Allora ho ricordato che i momenti più belli della mia infanzia erano quando mio nonno mi raccontava storie. Così ho cominciato a leggere ai miei alunni. Da allora sono diventato “il maestro che racconta storie”. Ma ho sempre ascoltato le storie, i desideri, i sogni dei bambini. Quante cose ho imparato! Col tempo ho iniziato a scrivere libri in cui i protagonisti erano proprio loro.

Così è nato il personaggio di Valentina: curiosa, irrequieta, intelligente, capace di ascoltare le sue emozioni e con una gran voglia di vivere.

A proposito, mi piacerebbe sapere cosa ne pensate dei miei libri. Se volete, scrivetemi qui:

www.angelopetrosino.it

Prometto una risposta veloce e personale a tutti!

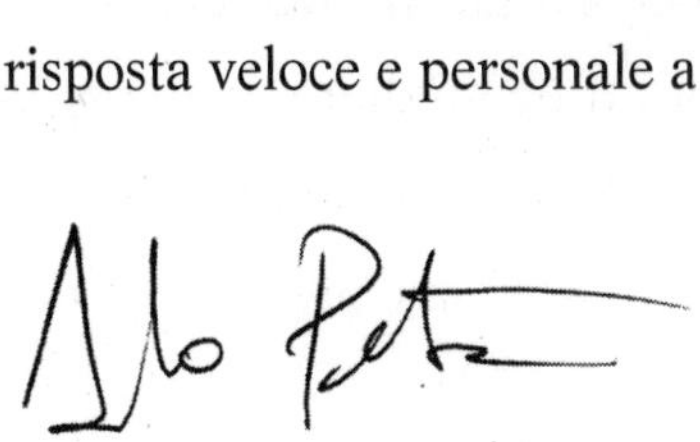

CHI È SARA NOT?

Sara Not disegna Valentina da un bel po', tanto che sono diventate delle vere amiche!
Una volta Valentina è anche andata a trovarla a Trieste e ha conosciuto l'intrepida cagnolina Sissi, l'infaticabile aiutante illustratrice, che segue Sara ovunque e regala ottimi consigli in fatto di grafica e design. A Trieste hanno giocato con la bora, come faceva Sara quando era una bambina: negli angoli più esposti aspettava i refoli più veloci e interpretava la parte di una principessa che lotta contro mostri terribili. Vinceva sempre lei oppure, all'occorrenza, arrivava qualche principe azzurro a liberarla, giusto in tempo per l'ora della merenda.
Siccome sua sorella Elisa preferiva giocare a calcio con i maschi, che giocare alle bambole con lei, Sara si chiudeva in camera sua. E disegnava, disegnava, disegnava. Per ore e ore. Per giorni interi.

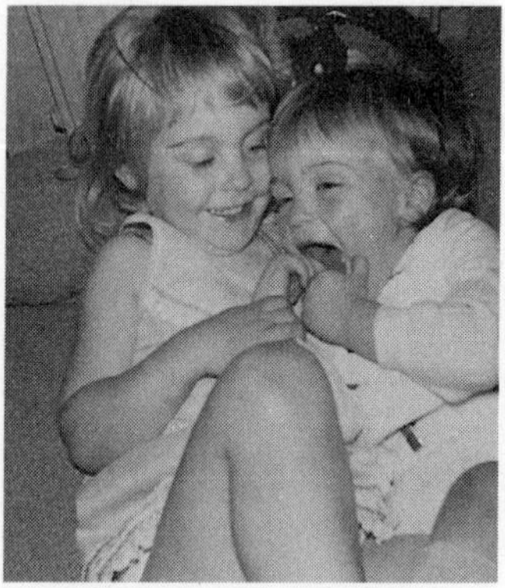

Sara a quattro anni, con la sorellina Elisa

Di tutto. Ma soprattutto le persone: persone che parlano, corrono, dormono, mangiano, da sole, in gruppo, che fanno festa, felici o tristi, vestite, nude, grasse, magre, alte e basse, insomma di tutti i tipi. Odiava disegnare le automobili e tutto ciò che avesse un motore. Oggi Sara è cresciuta ma ama sempre molto la bora, che le regala cieli azzurri, aria pulita e idee fresche di giornata. In più ci sono anche un innamorato francese con le spalle larghe che la porta in giro su una moto rombante e i suoi due bellissimi bambini, dei veri portenti della natura.

Sara Not

Solo per loro oggi Sara disegna macchine, treni, trattori, camion, tir, ruspe, scavatrici, aerei, elicotteri, motociclette, motoscafi, navi, navette spaziali e chi più ne ha più ne metta!

Valentina & Co

I libri della serie

1. Nuova scuola, nuovi amici!
2. Promesse e bugie
3. Il segreto di Jenny
4. Tazio, non lasciarmi!
5. C'è posta per Vale!
6. Ballo di fine anno
7. Malika vuole fuggire
8. Jenny, aspirante top model!
9. Una gita nel passato
10. Aiuto, ho un debito in mate!
11. Colazione a Parigi
12. Amir, il mio amico siriano

Leggi tutte le mie avventure!

Per l'elenco completo delle avventure di Valentina visita il sito:

www.ilmondodivalentina.it

Questo libro non è vendibile
se sprovvisto del presente tagliando
PROVA D'ACQUISTO
IL BATTELLO A VAPORE
VALENTINA&CO.
N° 12